Hertzka/Vatheuer
UNSER DINKELBUCH
Ein Werkbuch

*„In allem, was Gott geschaffen hat,
steckt ein Geheimnis, das niemand wissen kann,
wenn es ihm Gott nicht gezeigt hat."*

Hildegard von Bingen

Echte Aufklärung tut not!

Hertzka/Vatheuer

# UNSER DINKELBUCH

## Ein Werkbuch

Verlag St. Hildegardis

Verlag: St. Hildegardis, Hausackerweg 10,
        D-78337, Öhningen 2.
Fotosatz und Druck: Gotlands Grafiska AB, Visby/Gotland 1996.
1. Auflage
Umschlaggestaltung: Tommy Höggren/Mats Lindgren.
Printed in Sweden.

ISBN 3-9805241-1-6

# Inhaltsverzeichnis

# Vorwort

Eine Fülle von Gedankenansätzen machen dieses Dinkelbuch aus. Neben Persönlichem, allzu persönlichen Bekenntnissen, kommt auch die objektive Wissenschaft zu Wort.

Ein Jeder suche sich die Themen und Kapitel heraus, die ihm etwas zu sagen haben. Er ärgere sich nicht über die anderen Stellen, die für ihn weniger Bedeutung besitzen. Die Köchin wird sich für die Küche, der Bauer für den Anbau interessieren, der Kranke für die Diät und für die guten Ratschläge.

Aber daneben will das Dinkelbuch eine neue Kultur der Einfachheit inaugurieren. Dazu braucht es viele Freunde, damit diese bei all ihrer Bescheidenheit im Geiste der Heiligen Hildegard von Bingen dem gemeinsamen Ziele zustreben.

Gewisse unvermeidliche Wiederholungen vertiefen ähnliche Gedanken jeweils unter anderen Aspekten.


Schienen, im Mai 1996

*Dr.Gottfried Hertzka*
*Ingeborg Vatheuer*

# Teil I

# Einführung

Wir nennen unser Buch vom *Dinkel* ein Werkbuch, weil es für die gewaltigen Probleme, welches das beste Getreide – *Dinkel* – aufwirft, verhältnismässig schmal ausfallen muss, um volkstümlich zu bleiben.

Ein Werkbuch, weil es genügend Angaben und Anregungen enthält für den gewöhnlichen Menschen, das Volk, um danach arbeiten zu können.

Mehr will es nicht sein, mehr kann es nicht sein, obwohl es auch einige wissenschaftliche Tatsachen enthält. So ist es ein Buch geworden, das den Umfang eines Volksbuches, das auch gelesen werden will, nicht überschreiten durfte. Es steht gerade so viel darin, als man braucht und wissen muss.

Der eine der beiden Verfasser ist Arzt und hat sein Lehrgeld nicht umsonst gezahlt. Ich habe mich wahrlich gemüht, in die Geheimnisse der modernen Medizin einzudringen und bin praktisch erst nachher zur Hildegard-Medizin gestossen. So kann mir die Wissenschaft auch heute noch nicht ein X für ein U vormachen. Nach 40 Jahren ärztlicher Praxis gewöhnt man sich ein kritischeres Urteil an, dass sich nicht von jeder Augenblicksmeinung umwerfen lässt.

Das war gerade auf dem Gebiet der Dinkelforschung notwendig. Ich liebe die echte Wissenschaft und noch heute lese ich mit grosser Aufmerksamkeit alle Mitteilungen in den Fachblättern über den neuesten Stand der Dinge auf medizinischem Gebiet. Allerdings mit den Erfahrungen des reifen Alters, welches viel Auf und Ab des dornigen Weges der Forschung mitgemacht hat. Ich weiss, dass die „allerneueste" Erkenntnis nur zu oft der Irrtum von morgen ist und umgekehrt.

Seit der langen Zeit von fünfzig Jahren datiert meine Kenntnis vom Dinkel und ich habe zusammengetragen, was auf diesem Gebiet zu erfahren war.

Eigene Forschungen wären für einen praktischen Arzt zu aufwendig und mühsam gewesen. Da musste ich eben nehmen, was vorhanden war, ergänzt durch die medizinischen Erfahrungen des Alltags in der Praxis. Eine Medizin, die nicht in ein Menschenhirn passt oder nur durch einen Computer erfasst werden kann, ist mir ein Greuel.

Da ich in bescheidenen Verhältnissen aufgewachsen bin und zur Einfachheit erzogen wurde, war es vom Anfang meiner Studien an das Ziel, eine Medizin nach Menschenmass zu erlernen. Alle zu komplizierten Theorien, deren Kurzlebigkeit mir schon längst bekannt waren, suchte ich bewusst zu vermeiden. Nicht die gesicherten Ergebnisse der Forschung, wohl aber deren Theorien und Hypothesen – das sind für die Kenner nicht wenige – waren mir nicht mehr als sie sind. Die hohe Wissenschaft ging damals, wie übrigens auch heute noch, an vielen grundlegenden Fragen achselzuckend vorbei: Kalorien – ja, Vitamine – ja, Enzyme – ja. Aber das wärs dann auch. Freilich gab es damals schon medizinische Aussenseiter, Bircher-Benner, Kneipp, Rickli, Norden usw., die dem Volk zwar viel bedeuten, von denen aber die Hohe Schule ursprünglich so gut wie keine Notiz nahm. Heute, ja erst heute beginnt man der Heilkunst eine über die Naturwissenschaft hinausgehende Eigenständigkeit einzuräumen.

Was Wunder, wenn der Dinkel auf der Strecke blieb? Zudem kenne ich meinen Goethe zu gut – nämlich die Schülerszene im Faust („Der Geist der Medizin ist leicht zu fassen…") – um mich von der Aufmachung und dem

Getöse blenden zu lassen, mit welcher ein kreissender Berg oft ein Mäuslein gebiert…

Was nun den Dinkel betrifft, so habe ich in meiner ganzen Studienzeit (Universität Wien) nicht ein einziges Wörtlein darüber gehört. Über Ernährungsprobleme hielt Prof. Norden ein einziges Mal einen zweistündigen Vortrag. Soviel ich weiss, ist es auch heute noch nicht anders geworden im offiziellen Studienprogramm. Daher können wir von kompetenter Seite, nämlich der ärztlichen, keine wissenschaftlichen Ergebnisse erwarten. Alle wissenschaftlichen Untersuchungen, die über den Dinkel bisher gemacht wurden, betrafen letztendlich vom medizinischen Standpunkt aus nur Nebensächlichkeiten. Die kulturgeschichtlichen Erkenntnisse, Anbau- und Ertragsversuche, – das war alles.

Ein einziges Mal habe ich an der landwirtschaftlichen Hochschule in Hohenheim bei Stuttgart im Rahmen eines Dinkelsymposiums unter etwa 12 Referenten ein Referat gehört, das mich als Arzt gefesselt hat: Über die Kalzium-Utilisation des Dinkels. Das heisst, dass der Dinkel auch mit dem Kalziumangebot im Boden äusserst „vernünftig" umgeht. Ich schloss messerscharf daraus, dass er dies wohl auch im Menschen machen wird. Und bei den seltenen Gelegenheiten, wo ich an massgeblicher Stelle meine Wünsche vortragen konnte, habe ich auf diese und ähnliche medizinische Probleme aufmerksam gemacht, konnte aber nur ein verständnisloses Kopfschütteln ernten. Die medizinische Wissenschaft vom Dinkel war damals noch nicht zeitgemäss.

Der freundliche Leser und die freundliche Leserin mögen es mir zugute halten, wenn ich viele medizinische Tatsachen nicht mit experimentellen Statistiken belegen kann, sondern mich auf meine ärztlichen Erfahrungen berufen muss. Das Gross-Experiment des schwäbisch-alemannischen Volkes, welches durch Jahrhunderte den Dinkel als DAS Volksgetreide kannte, als Beispiel heranzuziehen wäre zwar sehr lohnend, würde aber allein schon daran scheitern, dass kein Wissenschaftler zur Zeit imstande ist zu sagen, was Generationen dieser Volksnahrung verdanken und was nicht.

Bei dieser Gelegenheit muss ich auf die Tragödie des Dinkels zu reden kommen. Bis zum Jahre 1939, dem Beginn des zweiten Weltkrieges, hatte sich am Dinkelanbau kaum etwas geändert, obwohl schon seit längerer Zeit der Weizen daran ging, den Dinkel auch in seinem Heimatgebiete zu verdrängen. Warum? Weil die Wissenschaft aufgrund des botanischen Namens, triticum spelta, den Dinkel mit dem Weizen in einen Topf warf und seine subtilen Qualitäten einfach ignorierte. Wenn es nur nach dem Kilogramm-Ertrag geht, konnte der Naturdinkel mit dem Weizen nicht Schritt halten. Das ökonomische Prinzip verdrängte alle anderen Gesichtspunkte im Zuge der Mammonisierung der Welt. Zwar hatten in Deutschland die einigermassen biologisch orientierten Kreise des Nationalsozialismus von Amts wegen veranlasst, den Dinkel durch Züchtungsversuche den Volkswirtschaftlern schmackhaft zu machen. Aber gerade die Kriegszeit war nicht dazu angetan, langfristige Beobachtungen durchzuführen. Die schwäbischen Bauern selbst verzichteten im Zuge der kriegswirtschaftlichen Massnahmen notgedrungen auf den Dinkelanbau, weil sie für das abgelieferte Dinkelgut von der Mühle ein einheitliches Weizenmischmehl bekamen. Einige wenige hielten für den eigenen Bedarf am Dinkelanbau fest, da ihnen die Dinkelqualitäten bei der Familienernährung nur zu gut bekannt waren. Zudem gab es damals noch sehr viele kleine Landmühlen mit dem notwendigen Gerbgang. Der in der „Hose", d.h. in den Spelzen geerntete Dinkel braucht zur Freisetzung des Dinkelkornes (Kernen) noch ein eigenes Schälverfahren (Gerbgang), welches diese kleinen Mühlen seit Jahrhunderten besassen. Nach dem Kriege kam es im Zuge der Konzentration der Müllerei in den rheinischen Grossmühlen zu dem berüchtigten Mühlensterben, wobei so gut wie alle kleinen Landmühlen durch den Staat aufgelassen wurden. Die Müller bekamen bezahlt, wenn sie die Mühle stilllegten. Das war das endgültige AUS für den Dinkelanbau in Deutschland.

Als ich aus medizinischen Gründen wegen der theoretischen Unentbehrlichkeit des Dinkels für meine Arztpraxis in das (ehemalige) Dinkelland zog (1946), gab es zwar noch an verschiedenen Orten reichlich Dinkel, aber infolge der Lebensmittelbewirtschaftung konnte man ihn kaum im freien Handel erwerben. Damals hätte man noch waggonweise Dinkel bekommen können. Aber schon 10 Jahre später, als die Bewirtschaftung längst aufgehört hatte, konnte ich mit Mühe und Not noch bei einer einzigen Mühle Dinkel für meine Patienten organisieren. Warum? Weil niemand für den Dinkel eine Lanze brach und die Gleichsetzung Dinkel=Weizen falsch ist.

Nun versuchte ich, bei einem Bäcker in Konstanz, (meinem letzten Praxisort als Kassenarzt), den Dinkel verkaufsreif zu machen. Bekanntlich sind durch das Lebensmittelgesetz der Vermarktung erhebliche Grenzen gesetzt. Nachdem auch diese Schwierigkeiten überwunden waren – gab der Bäcker sein Geschäft auf! Später hatte ich unter meinen Patienten versucht, einen Bäcker auf die Herstellung von Dinkelbackwaren aufmerksam zu machen. Ablehnendes Kopfschütteln. Fünf Jahre danach erklärte mir plötzlich dessen Frau: „Herr Doktor, wir haben jetzt Dinkelbrot!" Und was für eins! Was Wunder, wenn das Geschäft florierte und sehr bald eine Grossbäckerei mit vielen Filialen daraus wurde.

Dabei sind die Backwaren aus Dinkel nicht einmal das medizinisch Wichtigste. Aber allmählich konnte ich im Bereich der Praxis meine Patienten auch mit allen anderen Dinkelprodukten (wie Mehl, Griess, Flocken, Teigwaren usw.) in hervorragender Qualität versehen. Dinkel-Mehlkauf ist Vertrauenssache. Bei meiner Bäcker-Familie wusste ich, dass ich mich darauf verlassen konnte. Das ist übrigens bei vielen anderen Lebensmitteln so. Der Wein macht da keine Ausnahme, da man auch ihn auf Treu und Glauben kauft.

In neuerer Zeit wird mir immer wieder nahegelegt, grundsätzlich nur biologischen Dinkel zu empfehlen. Gewiss hat ökologisch-biologischer Anbau unbestreitbare Vorteile. Ob ich aber dabei mein Ziel, Dinkel wieder zur Volksnahrung zu machen, erreicht hätte, ist zweifelhaft. Grundsätzlich stehe ich auf dem Standpunkt, dass der biologischste Weizen nicht einmal ein halber Dinkel ist und dass selbst der gedüngte Dinkel immer noch Dinkel bleibt. Für Heilzwecke hingegen kann der Dinkel nicht biologisch genug sein. Es gibt bekanntlich verschiedene Methoden des biologischen Anbaues. Aber wie man so sagt: Der Teufel ist ein Eichhörnchen. Es haben sogar die Wissenschaftler in jüngster Zeit versucht, durch Gen-Varianten und artifizielle Einkreuzungen aus dem guten alten Dinkel ein neues, ertragreicheres Getreide heranzuziehen. Das gibt auch bei biologischem Anbau keinen echten Dinkel mehr. Ich kann nur sagen: Hände weg vom guten alten Landdinkel! Für den gehe ich auf die Barrikaden. Für das jüngste Zerrgebilde der sogenannten Wissenschaft (wahrscheinlich schlechter noch als der Weizen), würde ich keinen Finger rühren. Es ist jedes Landes eigene Aufgabe, zu sorgen, dass hier kein Pfusch gemacht wird. Hoffentlich kann auf Gotland und in Schweden noch eine derartige Fehlentwicklung verhindert werden. **Zehn** Gramm echter Dinkel sind mir lieber als hundert Gramm Weizen oder Pseudo-Dinkel. Bei dieser Sachlage kann der Dinkel gar nicht überzahlt werden und die alte Grundregel gilt nach wie vor: Was weniger kostet ist auch weniger wert.

Mit dieser Einleitung haben wir gleich eine Art Overtüre à la Wagner, bei welcher alle Leitmotive anklingen, die wir später im Buch ausführlich behandeln werden. Es fehlt nur noch ein kurzer Erfahrungsbericht über meine Erlebnisse mit Kollegen in der Praxis und an der Universität, als ich versuchte, ihnen meine Ideen zur Reform der Medizin unter Einschluss der Hildegard-Therapie – zu welcher ja auch die Dinkeldiät gehört – nahezubringen.

Als ich in Konstanz kurz verheiratet war, kam ich mit der Hausärztin meiner Frau ins Gespräch. Da ich meinte, eine christliche Ärztin vor mir zu haben, habe ich freimütig von meiner Entdeckung der Heilkräfte des Dinkels bei Hildegard von Bingen erzählt. In meiner Begeisterung wurde ich nicht einmal stutzig darüber, dass sie sich schweigend meinen Bericht angehört hatte. Als meine Frau das nächste Mal mit ihrer Hausärztin zusammenkam, sagte diese zu ihr: „Sie! Was ist denn mit ihrem Mann los? Wenn der Recht hat, dann sind wir anderen Ärzte alle Deppen!"

Eine andere, ebenso schöne Erfahrung machte ich bei einem der deutschen Krebspäpste. Bekanntlich hilft der Dinkel als Grundnahrungsmittel bei allen schweren Krankheiten, also auch bei der Behandlung der Krebskrankheit, selbst wenn er nur die Lebensqualität für die noch verbleibenden Jahre verbessert. Ich erzählte ihm also von dem Krebsmittel nach Hildegard und er hatte sogar die Freundlichkeit, im pathologischen Institut dessen Toxizität testen zu lassen, – mit dem erfreulichen Ergebnis, dass es im Tierversuch ungiftig war. Als wir aber über Weiteres sachlich reden wollten, klopfte er mir freundlich auf die Schulter und sagte: „Herr Kollege! Wissen Sie, wir haben genügend gute Krebsmittel." So ähnlich ging es mir auch mit der Krebs-Spezialklinik Dr. Issels in Bayern.

Auch ein anderer bekannter Ernährungs-Reformarzt, welcher besonders Wert darauf legt, dass man nur frisch gemahlenes Getreide verwenden sollte, bemerkte, auf den Dinkel angesprochen, von oben herab: „Ist ja auch nur so eine Weizenart." Kurz und gut: Der freundliche Leser darf sich nicht wundern, dass wir in der kurzen Zeit einer Dinkelrenaissance, (praktisch seit ca. 25 Jahren) bisher keine zünftigen Wissenschafter gewinnen konnten, um auch nur einigermassen dinkeladäquate Untersuchungen durchführen zu können. Wir werden in diesem Buch darauf zu sprechen kommen, dass diese letztlich nicht einmal nötig sind.

Dr. Gottfried Hertzka

# Dinkel und die Wissenschaft
## Theorien und Hypothesen

Eine Wissenschaft im modernen Sinne fing erst 100 Jahre nach Hildegard von Bingen an. (Roger Bacon, Albertus Magnus).

Zur Zeit Hildegards waren derartige Überlegungen völlig fremd. Was sich damals Naturwissen nannte (Isidor von Sevilla bzw. Physiologus) kann einem Wissenschaftler unserer Tage nicht einmal ein mattes Lächeln entlocken. Die Araber des 12. Jahrhunderts benützten die Bücher des Aristoteles, Dioscorides, Plinius und anderer antiker europäischer Naturforscher. Ihr Wissen war nicht Allgemeingut und gelangte im Zuge des Aufbaues von Hochschulen (Salerno um 1200) zuerst nach Süd-Europa und Frankreich und erst im Laufe des 13. Jahrhunderts nach Deutschland, lange nach Hildegards Tod. Von all dem war Hildegard unberührt geblieben (Schipperges).

Wissenschaftliche Forschung und ernstzunehmende Erkenntnisse auf dem Gebiet der Physiologie und Medizin gibt es erst seit ungefähr 200 Jahren. Bis zum heutigen Tag zu einer scheinbar unerreichten Höhe fortgeschritten, erlauben sie uns, von diesem Standpunkt aus Hildegard näher zu kommen. Langsam können wir heute Hildegards Detailangaben aus ihrem Medizinbuch verstehen, wie ich in meinem Buch: „Das Wunder der Hildegard-Medizin" nachgewiesen habe. Für Vieles mangelt es aber auch heute noch an Grundlagen-Forschungen. Die Angaben Hildegards nach unserem wissenschaftlichen System erklären zu wollen, kann sicher noch nicht als endgültig gelten. Es wird noch viele Entdeckungen brauchen, um das für den Menschen relevante naturwissenschaftliche und medizinische Hildegard-Wissen auf gesicherte Basis zu stellen. Unsere Theorien und Hypothesen sind viel zahlreicher und unser gesichertes Wissen viel geringer als der durchschnittliche Zeitgenosse annimmt. Gemessen an Hildegard wissen wir noch nicht einmal die echten Beziehungen zwischen Seelenleben und Gesundheit. Wir tappen da noch sehr im Dunklen, statt auf dem gesicherten Boden der Tatsachen zu stehen.

Eduard Gronau schreibt in der modernsten Hildegard-Biographie (1991):

„Wir sprechen heute von seelenloser Naturwissenschaft, seelenloser Medizin, seelenloser Sozialwissenschaft... Die Schöpfung selbst wird sich gegen eine atheistisch geworde-ne, die Schöpfung vergewaltigende und die Völker zur Gottlosigkeit verführende Wissenschaft erheben. Dass der Mensch von Gott selbst zu einer positiven, ehrfürchtigen, die Lebendigkeit und die Geheimnisse der Natur achtenden Wissenschaft befähigt und berufen ist, davon hat die heilige Hildegard deutlich genug Zeugnis abgelegt. Warnen aber muss sie vor der emanzipatorischen, autonomiesüchtigen, jede hierarchische Autorität ablehnenden Rebellion des Menschengeistes, der absolut wertfreie und ungebundene Wissenschaft verwirklichen will...“.

Ein anderer Gelehrter unserer Tage schreibt:

„Bei den Visionen der heiligen Hildegard über die Natur stehen die Qualitäten der Stoffe im Vordergrund; dies im Gegensatz zur modernen Naturwissenschaft, wo in erster Linie auf die Quantität, also auf die Mess- und Berechen-barkeiten Bezug genommen wird. Das Fragen hat sich bei der modernen Naturwissenschaft auf das WIE der Dinge eingeschränkt, eben auf die Frage nach den Quantitäten. Das WAS der Dinge, die Qualität, ist bei der heutigen Wissenschaft eine Randfrage von untergeordneter Bedeutung. Der Materialismus, der sozusagen die Ideologie der modernen Naturwissenschaft ist, sieht sich daher zur Behauptung gezwungen, die Qualitäten seien nichts anderes als eine Summe von Quantitäten… Wie die heilige Hildegard es aber in ihren Visionen sieht, ist die Wirklichkeit gerade umgekehrt: Die Quantitäten sind nicht Grundlage, sondern lediglich Attribute der Qualitäten. Die treibende Kraft für die Einengung des Fragens auf das blosse WIE der Dinge ist die materialistische Macht, welche diese Fokusierung der geistigen Arbeit ermöglichte. In der heutigen Naturwissenschaft weiss man deshalb sehr gut, wie Materie ist, aber nahezu nicht, WAS Materie ist. Ja, es entspricht sogar der Tatsache, dass die Philosophie des Aristoteles mit ihrer ,Hyle', dem Urstoff, mehr über das WAS der Materie aussagen konnte, als die moderne Chemie und Physik."

Soweit Prof. Max Thürkauf, der berühmte Atomphysiker der Universität Basel in seiner Schrift: „Lebenskräfte zum Heil des Menschen – die Heilkunde der heiligen Hildegard von Bingen." (Johannes-Verlag, Leutesdorf).

Der gleiche Autor schrieb zum Thema Medizin und moderne Naturwissenschaft: „Die Hildegard-Darstellungen über die Wesenheiten der Natur sind mit der Begrifflichkeit der modernen Naturwissenschaft nicht zu erfassen. Die Heilige war keine Wissenschaftlerin, die unter Anwendung von bestimmten Methoden Naturforschung betrieben hatte. Das zu meinen, ist völlig falsch. Jene, die versuchen, mit den Vorstellungen der modernen Chemie, Physik und Biologie die hildegardische Naturlehre zu begründen oder zu widerlegen, gehen an der Substanz der mystischen Tatsache ihrer Visionen vorbei. Vielmehr ist das Umgekehrte möglich: Mit den Visionen der heiligen Hildegard die Wesenheit der modernen Naturwissenschaft zu erkennen und die Beschränktheit ihrer Methoden ans Licht zu bringen. Diese naturwissenschaftlichen Methoden sind aber bei Weitem nicht die einzige Möglichkeit, wie die Visionen der heiligen Hildegard zeigen. Die Naturwissenschaft könnte, entsprechend der Freiheit ihres Hervorbringers, viel umfassender sein. Hildegard weist auf die Möglichkeit einer solchen erweiterten Naturwissenschaft hin: Auf eine Naturforschung in christlicher Freiheit, also eine Wissenschaft, die nicht frei von Gott – wertfrei – sondern frei *für* Gott ist.

Das Werk der Seherin enthält Schätze – die erst heute durch die Not der materialistischen Medizin bedingt – entdeckt werden. Leider gehört es zu den Sünden von Vertretern der Kirche, diese Reichtümer nicht gepflegt zu haben. Es hätten dabei kostbare Früchte geerntet werden können. Es ist wertvoller Samen im Acker der Kirche nicht zum Keimen gekommen und blieb acht Jahrhunderte verborgen…"

Diesen Worten eines berühmten Gelehrten und Entdeckers der Atomwissenschaften brauche ich nichts hinzuzufügen. Als Arzt allerdings möchte ich doch eine kleine Lanze für die Wissenschaft brechen, weil die moderne Medizin dem Kundigen immerhin so viel zu sagen hat, dass er andere Irrtümer der gleichen Wissenschaft auf ihren Tatsachengehalt reduzieren kann. Dies wollen wir versuchen, wobei wir uns merken wollen, von wie relativem und geringem Wert sie für uns Aufgeklärte eigentlich sind.

Nach einer Untersuchung von Marcell Züllig vom Forschungs-Institut für biologischen Landbau 1984 ergibt sich beim *Dinkel* hinsichtlich des Vitamingehaltes ein eher uneinheitliches Bild. Je nach Sorte, Lage und Klima weist er sowohl überdurchschnittliche Höhe als auch bedeutend niedrigere Werte auf. Auffallend ist der geringe Gehalt an

Vitamin C und E, dafür ist er eine gute und beständige Vitamin-B-Quelle. Er verfügt über höhere Eiweiss- und Kleberwerte. Während Weizen je nach Anbaubedingungen 10-14 % Eiweiss aufweist, bringt es der Dinkel auf 13-19 %. Der Feuchtklebergehalt des Dinkels (35-44 %) übertrifft den des Weizens (23-32 %) bei weitem. Dazu erhöht sich die Wasseraufnahmefähigkeit. Dinkelbrot bleibt länger frisch und haltbar. Die Untersuchungen von Angermann und Blumentritt haben die guten Backeigenschaften des Dinkels schon 1965 nachgewiesen. Dinkel besitzt darüber hinaus hohe Phosphor-, Eisen- und Magnesiumwerte (52 mg in 100 g Korn), weshalb der Dinkel auch „Magnesium-Weizen" genannt wird. Eine neuere dänische Tabelle kommt zu ähnlichen Ergebnissen. Vitamin B 1 = 0,65 mg (Weizen 0,35 mg), B 2 = 0,23 mg (0,13 mg), Eisen 4,17 mg (3,50 mg), Kupfer 0,62 mg.

Aus der Hildegard-Heilkunde Nr.4 fügen wir zwei Tabellen über die Aminosäuren und den Fettsäuregehalt des Dinkels an:

GEHALT DES GANZEN KORNES AN
AMINOSÄUREN (mg per Gramm)

|               | Dinkel | Weizen |
| ------------- | ------ | ------ |
| Cystin        | 1,35   | 1,10   |
| Isoleucin     | 5,6    | 4,4    |
| Leucin        | 9,0    | 6,0    |
| Lysin         | 2,75   | 2,9    |
| Methionin     | 4,0    | 2,4    |
| Phenylalanin  | 7,0    | 5,0    |
| Threonin      | 5,6    | 5,5    |
| Tryptophan    | 1,8    | 1,2    |
| Valin         | 5,8    | 4,2    |

FETTGEHALT DES GANZEN KORNES: Im Vergleich zum Weizen zeichnet sich Dinkel durch einen höheren Gehalt an essenziellen Fettsäuren aus, der durch den beträchtlichen Gehalt an Linolsäure (26,8%) und Ölsäure (26,4%) erzielt wird. Dadurch wird der geringere Gehalt an Linolensäure (1,9%) mehr als kompensiert. Diese Tatsache ist von grosser nahrungsphysiologischer Bedeutung, weil ungesättigte Fettsäuren vom Organismus nicht gebildet werden können.

FETTSÄURE-ANALYSE vom 12.4.1985, Gesamtgehalt 2 %, davon:

| C 4 | Buttersäure | – |
|------|-------------|-------|
| C 6 | Capronsäure | – |
| C 8 | Caprylsäure | 0,2 % |
| C 10 | Caprinsäure | 0,1 % |
| C 12 | Laurinsäure | 0,05 % |
| C 14 | Myristinsäure | 0,1 % |
| C 14' | Myristoleinsäure | 0,2 % |
| C 16 | Palmitinsäure | 30,0 % |
| C 16' | Palmitoleinsäure | 0,1 % |
| C 18 | Stearinsäure | 2,4 % |
| C 18' | Ölsäure | 26,4 % |
| C 18" | Linolsäure | 26,8 % |
| C 18''' | Linolensäure | 1,9 % |
| C 20 | Arachinsäure | – |
| C 20" | Eicosadiensäure | 1,6 % |
| C 20'''' | Arachidonsäure | – |
| C 22 | Behensäure | 0,6 % |
| C 22' | Erucasäure | 0,2 % |
| C 24 | Lignocerinsäure | 1,0% |
| C 24' | Nervonsäure | 2,8 % |

Diese Rohwerte sagen uns über den biologischen und medizinischen Wert des Dinkels nur wenig oder fast gar nichts. Man beachte auch die immer wieder feststellbare Tatsache, dass verschiedene Untersuchungen und Untersuchungsmethoden oft zu sehr differenten Ergebnissen kommen. Ehrlich gesagt, wir können uns das nicht erklären. Sollte da der Dinkel uns einen Streich spielen? Auch werden wir den Verdacht nicht los, dass hier gewisse Manipulationen vorgenommen werden – wie das ja auch sonst in der Wissenschaft erst in jüngster Zeit (USA) leider festgestellt werden musste. Ich habe sogar einen Beweis dafür. Als ich seinerzeit einer bekannten Backwarenfirma den Dinkel empfehlen wollte, verlangte diese eine Analyse der Inhaltsstoffe. Als diese für teures Geld von einem renommierten Institut uns vorgelegt wurde, musste ich zu meinem Erstaunen feststellen, dass deren Werte bis auf ein Komma genau mit einer modernen Weizen-Analyse zusammenfielen!

Die Weizen-Interessenten haben natürlich allen Grund, die drohende Dinkel-Konkurrenz abzublocken. Dabei ist der Dinkel gar kein echter Konkurrent, weil Dinkel eben Dinkel und kein Weizen ist. Hühnern, denen ein Gemisch von Weizen- und Dinkelkörnern vorgeworfen wurde, pickten sich zuerst den Dinkel heraus. Auch eine Abstimmung!

Den vor etwa zehn Jahren getroffenen wissenschaftlichen Feststellungen droht heute eine noch viel grössere Gefahr von Fälschung und Irrtum. Man ist daran gegangen, das einst für unmöglich Gehaltene möglich zu machen und Dinkel mit Weizen zu *kreuzen*. Solche Experimente können dem Dinkel und der Dinkelforschung nur schaden. Wir müssen damit rechnen, dass Dinkel-Analysen ab sofort von einem sogenannten Dinkel gemacht werden, der eigentlich unglücklicherweise fast wieder zu Weizen wurde. Somit können wir also wissenschaftliche Dinkel-Analysen nur aus den Jahren vor 1980 brauchen, als derartige Experimente mit Dinkel noch nicht vorgekommen waren.

Der grosse Hildegard-Freund Helmut Posch in Österreich schrieb zu diesem Thema im Jahr 1983 in seinem lesenswerten Buch „Was ist Hildegard-Medizin?" auf Seite 85 folgendes: „Auf dem Saatgut-Sektor ist zur Zeit so viel in Bewegung, was dem Landwirt und Gärtner verborgen bleibt, dass eine Betrachtung dazu berechtigt sein wird. In einer wissenschaftlichen Arbeit über den Handel mit genetischen Rohstoffen schrieb Dr. Margery Lee Oldfield, dass jene, die das genetische Material einer jeden Getreide-Art der Erde kontrollieren, fast unumschränkte wirtschaftliche und politische Macht besitzen. Fast zu spät hat man diese Gefahr erkannt."

Und 1992 schrieb Posch im 2. Band „Eine neue Ära der Medizin?" :

„Gentechniker und Saatgutzüchter leben scheinbar im Glauben, alles besser zu wissen als der liebe Gott. So war ihnen der noch unverzüchtete und für die Hildegard-Bewegung wieder interessant gewordene *Dinkel* nicht gut genug. Also kreuzte man ihn mit Weizen, weil heute ja alles möglich ist. Das Ergebnis: Ein höherer Ertrag, hurra! Aber das ist kein Dinkel mehr und die Eigenschaften dieser neuen Sorten (z.B. Roquien und Hercule) werden selbst von misesten Futtergetreiden noch übertroffen. Hat echter Dinkel einen durchschnittlichen Kleberanteil von über 50%, so weisen die Kreuzungsformen nicht einmal 20% auf."

Als Arzt möchte ich dem hinzufügen, dass damit noch gar nicht der Unterschied zwischen Weizen-Kleber und Dinkel-Kleber erfasst ist, (derartige Untersuchungs-Ergebnisse fehlen bis heute noch), sondern nur die verschlechterte Back-Qualität. Aus all dem brauchen wir uns nur soviel zu merken, dass wir nur mit älteren Dinkel-Analysen und auch da nur mit Vorsicht umgehen können, ohne die Wahrheit über den echten Naturdinkel zu verfälschen.

Wir wissen, dass in Dänemark z.b. bisher – unwissentlich – nur die verfälschte Dinkelsorte Roquien angebaut wurde. Auf Gotland (Schweden) können wir Gott sei Dank noch dafür garantieren, dass für medizinische Zwecke unser DINKEL echter, reiner Bauerndinkel aus alter Sorte ist. Im Jahre 1994 hat man auch in Dänemark das alte echte Saatgut wieder eingeführt und allen Dinkel-Bauern zur Verfügung gestellt, so dass die Ernte 1995 nur reinen Dinkel, biologisch angebaut, gebracht hat.

„Caveant consules, ne res publica quid detrimenti capiat!" (Cato).

– Der Staat sorge dafür, dass es so bleibe ! –

Analytische Untersuchungen 1986/87 haben ergeben, dass die unterschiedliche Dinkel- und Weizen-Protein-Struktur sich serologisch mittels Immundiffusion, der Immun-Elektrophorese nachweisen lässt. Die Amino-Säure-Sequenz der beiden Getreidearten ist unterschiedlich. Besonders der Gehalt an Leucin (9:6) – Methionin (4:2, 4) – Phenylalanin (7:5) ist beim Dinkel höher als beim Weizen. Ich möchte dazu bemerken, dass die dem Dinkel zugeschriebene gemütsaufhellende Wirkung („frohmachend") vielleicht durch den Phenylalanin-Gehalt ihre Begründung findet. *Dinkel* hat mehr Cystin, Isoleucin, Leucin, Methionin, Phenyl-Alanin und Tryptophan als Weizen, aber weniger Lysin. (Siehe Tabelle s. 21).

Dabei sagt die Analyse nichts über die Bioverfügbarkeit aus. Bekanntlich benützt der Körper zur Assimilation von extern zugeführten chemischen Stoffen verschiedene

Mechanismen, welche die physiologischen Eigenschaften zum Teil nicht unerheblich verändern. Derartige Vergleichs-Untersuchungen zwischen Dinkel und Weizen liegen bisher nicht vor.

Die Analyse hat weiter ergeben: Im Vergleich zum Weizen zeichnet sich der Dinkel durch einen höheren Gehalt an essentiellen Fettsäuren aus.

Zwar sind die modernen Standpunkte über den Wert der ungesättigten Fettsäuren unterdessen durch noch modernere bereits überholt. Unser diesbezügliches Wissen wird noch einige Veränderungen erfahren. Die Dinge sind im Fluss.

Für viel wertvoller halte ich die Rückstandsanalysen, welche 1987 von der landwirtschaftlichen Forschungs-und Untersuchungs-Anstalt Kiel vorgenommen wurden. Überraschenderweise wurden im Dinkel chlorierte Kohlenwasserstoffwerte gefunden, die um ein Vielfaches unter der zugelassenen Höchstmenge liegen. (z.B. beim DDT um 5000 mal geringer). Diese besondere Reinheit ist nur erreichbar, weil der Dinkel aufgrund seiner Pilz- und Schädlingsresistenz ohne Insektizide, Herbizide und Pestizide angebaut werden kann. Die Untersuchungen betrafen biologisch angebauten Dinkel. Ausserdem wächst der Dinkel im Gegensatz zu den neueren gezüchteten Getreidearten ohne Intensiv-Kunstdünger und kann auch auf ärmsten Böden (besonders in hohen Lagen, wo Weizen nicht mehr gedeiht) angebaut werden. Dinkel muss als das von Natur aus reinste Getreide angesehen werden – eine unschätzbare Tatsache in der Zeit zunehmender Umweltverschmutzung.

Darüber hinaus konnte durch Radioaktivitäts-Messungen an der Universität Konstanz gezeigt werden, dass der Dinkel selbst nach der Belastung mit radioaktiven

Spaltprodukten der Tschernobyl-Katastrophe nur mit 5 bzw. 6 bq Cs.137 pro Kilogramm belastet war, während die von der EG-Kommission festgelegte Höchstmenge pro kg 600 bq betrug. Er war also auch damals frei von radioaktiver Belastung! (Im Gegensatz zum Weizen). Diesen Schutz verdankt der Dinkel seiner nur ihm eigenen Schutzhülle (Spelzen), wodurch er von dem Eindringen von Umweltgiften und radioaktiven Spaltprodukten bewahrt blieb.

Der Wert der Dinkelkörner im Vergleich zum Weizen konnte auch im Tierversuch nachgewiesen werden. Je zwei Gruppen von 12 Ratten wurden 2,5 Monate lang ausschliesslich mit Dinkel oder Weizen ernährt. Die Tiere konnten beliebige Mengen zu sich nehmen. Dabei zeigte sich, dass die Nahrungsaufnahme beim Dinkel deutlich höher lag als bei der Weizengruppe und dementsprechend die Wachstums- und Lebensgewichtzunahme beim Dinkel immer höher liegt als beim Weizen. Dr. G. Gnauck, Maizena G.m.b.H. Heilbronn, stellte ein ernährungsphysiologisch günstiges Profil für den Dinkel fest, beinhaltend u.a. einen relativ hohen Anteil an Mineralstoffen, speziell Kalcium, Magnesium, Zink, Eisen, Kupfer, geringe Schwermetallbelastung und geringe Belastung an Mikrotoxinen. Von den Spuren-Elementen wurden leider beim Dinkel keine Vergleichs-Analysen zum Weizen gemacht. (Au, Ag, Se).

*Selen* gilt als essentielles Spurenelement, welches sich in tierischen Lebensmitteln anreichert. Der Selengehalt pflanzlicher Nahrungsmittel korreliert stark mit dem Selengehalt der jeweiligen Böden. (Prof. Dr. W. Haubolt, Universität Hohenheim/ Stuttgart 1991.)

Selen hilft unserem Körper, sich vor Umweltgiften zu schützen. Im Zusammenhang mit Vitamin (z.B. E) wird es immer häufiger zur Beseitigung von Langzeitfolgen der

Amalgam-Vergiftung benutzt. Die entgiftende Wirkung von Dinkel-Diät, – namentlich wenn er auf selenreichen Böden angebaut wurde, beruht darauf, dass der Dinkel die Nieren- und Ausscheidungsfunktion erheblich unterstützt.

*Kalcium*: Der Kalcium-Gehalt der Feinmehle ist – wie nicht anders zu erwarten – beim Dinkel durchwegs um 1/3 höher als beim Weizenfeinmehl. Die Gesamt-Analyse des Kalciums im Weizen und Dinkel ergibt keine grossen Unterschiede. Beim Weizen liegt eben das Kalcium fast ausschliesslich in der Kleie, beim Dinkel verteilt es sich auf den ganzen Kern. Der Kalcium-Stoffwechsel des Menschen weist ausserordentlich komplizierte Verhältnisse auf. Nicht nur Zucker wirkt als Kalciumräuber, sondern interessanter- weise blockiert die Weizenkleie die Aufnahme von Kalcium durch den Darm. Über den Dinkel liegen diesbe- zügliche Untersuchungen noch nicht vor, doch bei der grundsätzlichen Kalkfreundlichkeit des Dinkels dürfen wir annehmen, dass er auch beim Kalcium in der menschlichen Ernährung optimale Verhältnisse schafft. So wie das Dinkelgetreide bei der Kalkaufnahme der Bodenqualität sich optimal anpasst, so wird der Dinkel auch den Kalk im Körper utilisieren, d.h. gute Aufnahme, gute Resorption und Depotbildung garantieren. Kalcium können wir Menschen immer brauchen, heute besonders gut, damit die eventuelle Ablagerung von radioaktiven Stoffen, von Strontium, in unsern Knochen verhindert bzw. vermindert werden kann. Die sogenannte Kalkablagerung in den Gefässen, (Arteriosklerose) hat mit dem Kalcium-Element überhaupt nichts zu tun und wird von ganz anderen Faktoren gesteuert. Der kalkliebende und kalkspendende Dinkel kann uns also nur nützen.

In einer wissenschaftlichen Abhandlung habe ich gefun- den, dass Dinkel das einzige Getreide ist mit linksdrehendem Zucker. Ehrlich gestanden sagt mir das gar nichts. Aber als Dinkelbesonderheit lässt es für den Fachmann einen gewissen Rückschluss über die Eigenart der Kohlehydrate des Dinkels zu.

Solche und vielleicht noch viele andere Feinheiten, welche sich bei verbesserten Untersuchungsmethoden und Untersuchungsprinzipien herausstellen werden, haben für die praktische Anwendung in der Medizin noch kaum eine Bedeutung, da auch das Zusammenspiel im Säfte-Haushalt des Menschen überhaupt noch nicht überblickt werden kann – und zweimal nicht, wie es bei Hildegard beschrieben wird.

Wir brauchen uns nicht den Kopf zu zerbrechen über die heutigen, gestrigen und künftigen Theorien der Ernährungswissenschaft, da diese nicht von der Dinkel-Diät ausgehen und sie nicht zur Grundlage haben. Man müsste dinkel-spezifische Untersuchungsmethoden einführen, welche aber bei der heutigen Situation wohl noch lange auf sich warten lassen werden. Nur so ist es erklärlich, dass die schweizerische Getreide-Verwaltung 1985 die Losung herausgab: „Seinen guten Eigenschaften zum Trotz erachtet der Bund den Dinkel nicht als förderungswürdig."

Noch völlig unerforscht ist z.B. die Wirkung des Dinkels auf das System der inneren Drüsen und auf das Sexualsystem. Eine der neuesten Erfahrungen geht dahin, dass z.B. Frauen mit Kinderwunsch nach kurzer Zeit der Umstellung auf Dinkel mit Nachkommenschaft gesegnet wurden. Allein die stimmungsaufhellende Wirkung wird es wohl nicht gewesen sein. Ganz abgesehen davon, dass auch auf diesem Gebiet keinerlei Untersuchungen stattgefunden haben und dass auch der Tierversuch hier selbstverständlich versagen muss.

Viele Hildegard-Freunde unserer Tage haben an dem

Wort *Viriditas* eine besondere Freude. Nur soviel möchte ich dazu hier bemerken, dass damit die Keim- und Lebensenergie gemeint ist, also eine Regenerationskraft. Beim Dinkel liegen wir da sicher richtig.

Eine ganz eigentümliche Beobachtung, deren Aktualität ein mir fremdes Gebiet betrifft, sollen Versuche von sogenannten Strahlenforschern ergeben haben. Wenn deren Angaben Glaubwürdigkeit verdienen, soll eine Bettunterlage oder Einlage aus *Dinkelspelzen* gefertigt eine optimale Abschirmung gegen Erdstrahlen und Wasseradern bewirken. Bekannt ist nur aus alten Zeiten, dass man Dinkelspelzen für die Kleinkinderbetten als ideale Unterlage ansah und man behauptet, dass die Kinder dann einen besonders guten Knochenbau entwickeln. Ich weiss nicht, ob damit die damals häufige Rachitis gemeint war und könnte mir auch nicht gut denken, wie deren Verhütung bloss durch ein Dinkelspreubett zustande gekommen sein könnte.

Allerdings ist eine Dinkelspelzschicht in ihrer nicht zu weichen und nicht zu harten Anpassungsfähigkeit als Lagergrundlage optimal geeignet. Neuerdings bestätigen Beobachtungen mit Nackenkissen aus Dinkelspelz, dass Verspannungen und Schmerzen im Rücken sich schon nach kurzer Zeit dadurch lösen.

Schon wieder eine wissenschaftlich schwer untersuchbare und kaum verifizierbare Angabe. Der Dinkel, sogar seine Spelzhüllen, sind immer wieder für eine Überraschung gut.

Andere wissenschaftliche Ergebnisse weisen darauf hin, dass grundsätzlich die pflanzlichen Fermente dem menschlichen Ernährungssystem näherstehen als die tierischen. Crobb hat festgestellt, dass 50-80 % der pflanzlichen Fermente bei der Darmpassage unzerstört bleiben. Das gilt natürlich auch für den Dinkel. Der Mangel an Eigenfermenten beim kranken Menschen steht vielleicht mit der

Fermentschwäche des lebenden Zellgewebes in Zusammenhang.

Nach Prof. Alfred Pischinger (1975): *System der Grundregulation* hängt die Gesundheit des Menschen weitgehend vom universellen Säftestrom durch das menschliche Gewebe ab. (Fliessgleichgewicht). Ob der Dinkel hier mehr leistet als andere Getreide, wurde ebenfalls noch nicht untersucht und bräuchte eine dinkelspezifische Untersuchungsmethode. Bei diesen Versuchen könnte eventuell auch eine radioaktive Markierung von Dinkelmolekülen näheren Aufschluss bringen. Ebenfalls wäre zu untersuchen, wie Dinkelextrakte als Nährflüssigkeiten bei Zellkulturen sich verhalten; desweiteren die Einflussnahme auf Immunkörper im menschlichen Blut. Nur will ich hier gleich betonen, dass Tierexperimente mit Dinkel für die menschliche Situation keineswegs letztlich ausschlaggebend sein können. Fast undurchführbar sind Experimente mit menschlichen Geweben.

Über die *Backfähigkeit* des Dinkels wurden raffinierte hochwissenschaftliche Versuche angestellt, um die Unterschiede auf eine Formel zu bringen. Das mag für Grossbäckereien nicht uninteressant sein. Mir genügt die allgemeine Erfahrung der Bauern, welche ausnahmslos dem Dinkelbrot den Vorzug geben.

Aus einem neueren *Dinkel-Kolloquium* vom März 1991 der Universität Hohenheim übernehmen wir zusammenfassend:

„Die Richtlinien der Deutschen Gesellschaft für Ernährung durch pflanzenfaserreiche Vollwertkost können mit Dinkel als Basis-Diät erfüllt werden:

– eine pflanzenfaserreiche Diät mit mehr komplexen Kohlenhydraten (mehr als 60 % komplexe Kohlenhydrate)

- mehr Ballaststoffe durch Dinkel-Vollkorn, Obst und Gemüse
- weniger tierisches Fett (weniger als 20 % Fett der Gesamtkalorienmenge)
- weniger tierisches Eiweiss (15-20 % der Gesamt-Kalorienmenge)
- weniger Auszugsmehl, weisser Zucker und Süssigkeiten
- unter 300 mg Cholesterin
- über 50 g Ballaststoffe pro Tag."

Der Dinkel enthält nicht nur alle für den gesunden Organismus lebensnotwendigen bekannten Haupt-Inhaltsstoffe wie:
– Eiweiss
– essentielle Fette
– komplexe Kohlenhydrate
– lösliche und unlösliche Ballaststoffe
– Vitamine
– Mineralien und Spurenelemente
sondern auch noch viele bisher unbekannte sekundäre Pflanzen-Inhaltsstoffe, die für den Prozess der Zellerneuerung, das Wachstum, die Funktion und Leistungsfähigkeit, Verdauung, Stoffwechsel sowie die körpereigne Abwehrkraft, den Geschmack und das Aroma zuständig sind. Dazu gehören auch noch heute unbekannte Assimilationsfaktoren, dem der Dinkel seine gute Bioverfügbarkeit im menschlichen Serum verdankt.

Ernährungsphysiologische Bedeutung von Glykosiden und Thiocyanat als sekundäre Getreideinhaltsstoffe:

In nahezu 1500 Pflanzenarten aus etwa 150 Arten, darunter viele Lebensmittel, konnten bereits Lehmann und Zinsmeister in geringen Mengen cyanogene Glykoside isolieren, die das körpereigene Abwehrsystem stimulieren können...

Cyanogene Glykoside sind Blausäurederivate, die nicht etwa frei sondern in gebundener Form in sehr geringer Menge in den Pflanzen vorkommen, wobei die letale Dosis von 2-2,3 mg /kg bei täglichem und andauerndem Genuss von Getreide nie überschritten werden kann. Weuffen et all. konnten darüberhinaus in Getreide und Gemüsepflanzen (auch im Dinkel) Thiocyanat nachweisen.

Thiocyanat ist ein natürliches, körpereigenes Antibiotikum, das sich in fast allen Körperflüssigkeiten nachweisen lässt. Darüberhinaus hat Thiocyanat eine grosse ernährungsphysiologische Bedeutung, da es wichtige physiologische Prozesse reguliert und stabilisiert. Thiocyanat fördert die Zelltätigkeit, indem es die Membranaktivität der Zelle beeinflusst. Dadurch wird die Zelleistung und Zellteilung gefördert (Proliferationsförderung). Thiocyanat ist ein Partner im Peroxidase-Wasserstoffsuperoxid-System, das in der Lage ist, Singulett-Sauerstoff zu bilden und an die Grenzfläche des Organismus abzugeben, z.B. im Auge, in der Mundhöhle, in der Nase, Atemwege, Magen-Darmtrakt. Dadurch werden wichtige Abwehr-Vorgänge, z.B. die unspezifische Abwehr gegen Bakterien und Viren in Gang gehalten. Mit einem optimalen Thiocyanatspiegel ist der Körper in der Lage, die humorale Immunantwort (Phagozytose) anzuregen. Die dazu nötigen Thiocyanatmengen erhält der Organismus durch eine ausgewogene Vollwertkost mit Getreide, Obst und Gemüse. Mit einer sogenannten Zivilisationskost aus Konserven, Auszugsmehl und Zuckerwaren kommt es zu einem Thiocyanatmangel.

Viele Eigenschaften vom Dinkel lassen sich pharmakologisch nur sehr schwer oder gar nicht erfassen, z.B. die leichte Assimilation vom Dinkel im Serum (Bioverfügbarkeit), die leichte und gute Bekömmlichkeit, der nussartige Geschmack oder das charakteristische Aroma, das beim Backen oder Kochen von Dinkel frei wird. Viele Patienten beschreiben auch ein angenehmes Wärmegefühl nach dem Dinkelgenuss. Besonders nach dem regelmässigen Essen eines warmen Dinkelschrotbreies am Morgen (Habermus) wird ein wärmendes Gefühl empfunden, eine Wärmewelle, die vom Magen über den ganzen Organismus registriert wird. Insgesamt ist daher die klinische Wirksamkeit von Dinkel grösser als die Summe aller pharmakologischen Eigenschaften der primären und sekundären Inhaltsstoffe zusammen. Bei folgenden Anwendungsbeispielen können wir daher eine gute Wirksamkeit beobachten:

I. wachstumsfördernd:
   1) Säuglings- und Kinderernährung.
   2) Sportlerdiät.

II. entzündungshemmend:
   1) Magen-Darmleiden (Colitis ulcerosa, Morbus Crohn, Ulcus ventriculi et duodeni), Phlebitis, Endometriose.
   2) Rheumatische Erkrankungen (PcP)

III protektive Wirkung:
   1) Praecancerose
   2) Tumorleiden
   3) Leukämie

IV antiallergisch:
   1) Lebensmittel-Allergien
   2) Zöliakie / Sprue
   3) Neurodermitis
   4) Arzneimittelschäden.
Referenz: Prof. Dr. Wolfgang Weuffen, Greifswald.

Die ganze Wissenschaft vom Dinkel einschliesslich der Abstammung und Genenforschung hat es nicht fertig gebracht, das Beinahe-Aussterben des Dinkels zu verhindern. Auch heute noch beschäftigt sie sich mit Problemen, die mit den medizinisch-menschlichen Problemen der Dinkelnahrung gar nichts zu tun haben. Diesen sogenannten Fachleuten fehlt der Geist der Wissenschaft. Denn nach Hildegard (Sc.III/8) ist der Geist der Wissenschaft und die Frömmigkeit zu einem Zwillingspaar so eng vereint, das eins ohne das andere nach dem Plan Gottes nicht denkbar ist.

Wie der verstorbene berühmte Atomforscher Max Thürkauf immer wieder erwähnte: Eine Wissenschaft der Frömmigkeit (Pietas) fehlt in unserer Naturforschung. Und solange das nicht wieder hergestellt ist, muss die Forschung in die Irre gehen und muss notwendigerweise in die Gottferne wenn nicht sogar in die Gottfeindlichkeit eingehen. Rudolf Steiner bemerkte hierzu, dass die wissenschaftliche Forschung erst wieder menschlich wird, wenn der Experimentiertisch zum „Altar" wird.

Es ist darum kein Zufall, dass gerade die sogenannte „reine" Wissenschaft, die in unserer Zeit ihre Exzesse feiert, mit dem Dinkel nichts mehr anfangen konnte. Zur Zeit, wo sie sich wieder (notgedrungen?) bemüht um die Dinkelforschung, was macht sie? Sie pfuscht am Dinkel herum, indem sie Einkreuzungen und Gen-Manipulationen vornimmt. Im Namen des Geistes der Wissenschaft und der Frömmigkeit erheben wir dagegen Protest und wollen alle Hildegard- und Dinkelfreunde bitten, die Hände davon zu lassen. Sorgen Sie dafür, ja, Sie sind sogar verpflichtet dazu, soweit es an Ihnen liegt, derartigen Pseudo-Dinkel strikte abzulehnen und sogar zu bekämpfen. Wir dürfen als Saatgut nur die jahrhundertealten Landsorten einsetzen. Sonst ist der ganze Begriff „Biologisch" eine Farce. Das sollen nur einige wenige Hinweise sein, wie ich mir eine echte Dinkel-Forschung vorstelle.

Es ist mir ein Herzensbedürfnis, dem uralten Spelz-getreide ein Denkmal zu setzen, unabhängig von dem, was die Wissenschaft darüber noch nicht weiss. Ich kann mich nicht damit abfinden, dass Kalium, Vitaminen, Kalk, Nährsalz und Spurenelementen die letzte Entscheidung einzuräumen ist.

„Es wäre da noch viel mitzuberücksichtigen, was noch nicht erforscht, aber in der Natur vorhanden ist." (Prof.Kollath,1955).

# Allgemeines über den Dinkel

Die bisherigen Forschungen und Erfahrungen ergaben zahlreiche Vorzüge des Dinkels. Dinkel ist das einzige Getreide, von dem noch nie Getreide- oder Mehlnährschäden festgestellt wurden. (Vergleiche auch Kapitel Dinkeldiät als Heilmittel.) Die Dinkelnahrung kann also unbedenklich dem ältesten wie dem jüngsten Familienmitglied, dem Gesunden wie dem Kranken angeboten werden. Dinkel ist Heilnahrung. Bei vielen Krankheiten werden schwere oder grüne Mehle, Weizen, Gerste, Roggen, aber auch Hafer nicht gut vertragen, ebenso das geschönte Weizenmehl und Griess. In diesen Fällen kann jederzeit Dinkel einspringen zur Herstellung von Breien und Backwaren, von Griess und Graupen und anderen Suppeneinlagen.

Bei Schwächen der Blutbildung und der Nerven-Muskelleistung sowie vor allem bei Anlage zu Schwermut wird die tägliche kleine Dinkelmahlzeit die beste Grundlage der Gesundheit schaffen. Auch das feine Kernmehl des Dinkels wirkt hierbei so nährend wie das Vollkorn-Vollmehl. Zum Unterschied vom Weizenmehl sind die Rand-Kleieteile zur Ergänzung des feinen gelblichen Kernmehles nicht unbedingt erforderlich. Die gelbliche Färbung des Dinkel-Weissmehls rührt davon her, dass auch im Feinmehl ein Eiweissnetz enthalten ist. Dinkelerzeugnisse sind zum Kochen und Backen gleich gut geeignet, während der Weizen nur im gebackenen Zustand als wirklich bekömmlich angesehen werden darf. Man kann vom Dinkel allein monatelang leben. Wenn die Not dazu zwingt, braucht man keine weiteren Ergänzungen des Speisezettels, kein Fleisch, kein Fett, keine Eier, ja kaum Gemüse oder Obst. Dinkel ist Kernnahrung und nährt alle Zellen und Kerne der menschlichen Zellen.

Dinkelprodukte müssen trocken gelagert werden, sonst werden sie muffig. Auch wenn keine gesundheitlichen Schäden daraus erwachsen, so verliert er dadurch den guten Geschmack. Auch nach dem Mahlen sollte der Dinkel sobald als möglich in der Küche verwendet werden. Nicht mit Weizen kombinieren, weil dieser (wie manches andere) seinen Geschmack und Gesundheitswert beeinträchtigt. Je weniger Zutaten man bei der Zubereitung von Dinkel verwendet, um so günstiger ist dessen Wirkung. Wie bei allem Edlen, kommt man erst allmählich auf den Geschmack. Wer soll Dinkel bevorzugt verwenden? Kinder, Jugendliche, Kranke, Blut- und Nervengeschwächte, Studenten, Lehrer, Städter, Lebens-Reformer, Arme und Alle, welche bei einfacher Selbstküche gesund und fröhlich bleiben wollen.

Wir kochen Dinkel meistens in Wasser und möglichst selten in Milch. Das alte Habermus wurde früher zwar in Milch gekocht, aber die alten Bauern hatten damals körperlich schwere Arbeit, wodurch die Milch besser verkraftet wurde. Milchzusatz unterdrückt den feinen Eigengeschmack aller Spelzgerichte und schleimt mehr. Eine nach dem Kochen zugesetzte Milch ist eher verträglich.

Man kocht das Wasser, bevor man den Dinkel zugibt. Einige Male aufkochen und ausgiebig quellen lassen genügt. Heiss auftischen und warm essen. Dinkel-Rohkost empfehle ich nicht so sehr und ist auch nicht nötig. Selbstverständlich eine Prise Salz, evtl. etwas Butter beifügen. Die Dinkelküche sollte der Prototyp der Einfachheit sein.

Ergebnisse kleiner Vorversuche mit fast ausschliesslicher Ernährung mit Dinkelschrot: Zur hinreichenden Sättigung sind täglich nötig ca. 200 g Dinkel, weniger als 1000 Kalorien. Die Leistungsfähigkeit und Unternehmungslust werden merklich gesteigert. Das subjektive Wohlbefinden, Stimmung und Humor werden gehoben, der tägliche Stuhlgang erfährt eine Regelung. Diese 1947 festgestellten Tatsachen erklären vielleicht die kulturgeschichtlich bedeutsame Rolle des Dinkelanbaues. Dinkel war das Nationalgetreide des alemannischen Volkes.

Prof. Knoll, Ernährungsforscher, (staatliche Lehr- und Versuchsanstalt in Werder) schreibt: „Ich verfolge die Herkunft und Verbreitungsgeschichte des Dinkels schon seit vielen Jahren und bin bei meiner Forschung zu Ergebnissen gekommen, die von der Lehrmeinung stark abweichen. Dies gilt insbesondere auch für die Bewertung des Dinkels. Aus meinen in fast allen europäischen Staaten gesammelten Unterlagen scheint hervorzugehen, dass das Dinkeleiweiss eine grössere biologische Wertigkeit besitzt als das Eiweiss des Weizens. Ich bin erfreut, dass Sie von der medizinischen Seite die Frage aufgeworfen haben und scheinbar zu demselben Ergebnis kamen." (Aus einem Brief an Dr. Hertzka, 1948.)

Der Unterschied wirkt sich ganz besonders bei der Behandlung von Hautkrankheiten aus, bei denen eine Grundregel für den Erfolg lautet: Alle Weizenprodukte radikal durch analoge Dinkelprodukte ersetzen! Davon hängt im Wesentlichen der Dauer-Erfolg einer Behandlung ab.

Eine viel zu wenig beachtete Tatsache ist die vorzügliche Wasserlöslichkeit und Quellbarkeit des Dinkels. Man könnte fast sagen: Dinkel wird gleichsam schon durch Wasser „verdaut", hydrolisiert. Diese für die Lagerung des Dinkels an sich unerwünschte Wasseranziehungskraft ist bei der Verdauungsarbeit höchst erwünscht, weil kaum spaltende

Fermente oder andere Verdauungsvorgänge zur Assimilation benötigt werden. Durch seine Wasserlöslichkeit gelangen die Dinkel-Hydrolisate und Dinkel-Eiweisse leichter an alle Körperorgane heran, auch an die schlecht oder wenig durchbluteten. Man könnte die Wasserbeziehung fast mit einem Salz vergleichen, das ebenfalls leicht wasserlöslich ist. Dinkel-Feinmehl kann sich beinah bis zur Durchsichtigkeit im Wasser auflösen. Diese hohe Zerfliesslichkeit lässt sich bei Kranken ganz besonders nutzen, weil Verdauungsenergie gespart und die Niere gut durchgespült wird. Normale Stärke ist in kaltem Wasser nicht quellbar. Anders bei der Dinkelstärke. Dies hat den Vorteil, dass der Dinkel auch als Vitamin-B-Träger allen Zellen zugutekommt. Auffallend hoch ist der Kalium-Natrium-Gehalt.

Die Quellbarkeit des Dinkels und seiner Bestandteile ist bisher übersehen worden. Alle möglichen Reaktionen hat man geprüft, aber nicht die Wirkung des reinen Wassers als Verdauungsvorgang, zumal bei den verschiedenen Temperaturen und Korngrössen. Was doch so nahe liegen würde, wurde bisher noch nicht untersucht. Das Alltäglichste ist doch das Essen, daher sollte dem Essen auch das alltägliche Dinkelkorn dienen. Dadurch können die allfälligen Tages-Schwankungen bestens auskompensiert und balanciert werden. Also täglich Dinkel!

Die besondere Liebe des Dinkelgetreides zum Wasser kommt schon beinah einer Wahlverwandtschaft gleich. Der Mensch besteht zu 70 % aus Wasser und auf dem Wasserweg kommt unsere Nahrung überall und am schnellsten im Körper herum.

Zum Schutz gegen die „natürliche" Luftfeuchtigkeit ist das Dinkelkorn von Spelzen umhüllt. In dieser Form ist das Korn relativ lange haltbar, weil es in seiner Hülle am Besten vor der Feuchtigkeit geschützt wird.

Dinkel ist von Natur aus äusserst stark quellend, daher sparsam einkochen. Wird sonst zu dick oder zu sämig und gibt beim Erkalten eine Art dicke Masse. Diese starke Quellbarkeit entspricht auch einem höheren Sättigungswert. Wenn wir hören, dass die Chinesen mit einem Schälchen Reis eine ausreichende Tagesration besitzen, so können wir etwas ähnliches beim Dinkel erleben, da sein Sättigungswert ausserordentlich hoch ist. Das *Habermus* für das tägliche Frühstück der alten Schwabenbauern hängt nicht nur mit der Bedeutung *Haber* = *Hepar* = Leber zusammen, sondern wird auch so ausgelegt, dass es lange anhebt, anhält. Wenn die Bauern um 6 Uhr das Habermus assen, hielt das bis mittags an.

Durch Pawlows Untersuchungen wissen wir, dass sich die Fermente des Magens und Darmes nach einer gewissen Dauer auf die Art der Ernährung bei bestimmter Kost einstellen. Dieser Mechanismus, der analog den Gewohnheiten eines Facharbeiters eine Vereinfachung des Arbeitsvorganges mit sich bringt, kommt der täglichen Dinkelkost zugute und fällt bei der sonst üblichen Zick-Zack-Kost weg.

Wenn es irgendwo zu fehlen beginnt im Körper, stellt sich dort oft Wasser ein. Beim Mückenstich, bei der Entzündung oder überall, wo ein Unheil anhebt. Wenn das Wasser lange stehen bleibt, wird es „sauer". Die Wiese versumpft. Solche Stellen gibt es auch im Menschen, in der Leber, in der Lunge, im Nervensystem, in den Muskeln, überall. Alle Gewebe, die man gemeinhin „Fleisch" nennt, können solche Wassertümpel bilden. Nun kommt mit dem Blut ein Dinkelnährstrom überall hin und an die Stelle der Wassertümpel treten Dinkelsäfte, welche vor dem Wasser den Vorzug haben, dass sie zugleich eine kräftige Nahrung sind für die angrenzenden lebenden Zellen, die sich nun lebhaft zu mehren beginnen und das Loch allmählich ausfüllen. Wo ein Wassersee voranging, folgt ein Dinkelmeer nach! Es kann sich auch später kein Wasser mehr dort ansammeln und manche Krankheitsherde erlöschen dadurch. Wenn man nicht durch unvernünftige Lebensweise neuerliche Schadstellen und Sumpftümpel setzt. Kann man auf andere Weise so elegant und universal wieder aufbauen? Kaum! Dies ist der Vorzug des Dinkels. Er kommt wie das Wasser überall hin und liefert für jede Zelle das Wesentliche. Dabei macht das Plasma der Zelle und der Zellinhalt jene Umformung von der Rohzelle zur Feinzelle durch und nimmt die zum Umbau notwendigen Stoffe aus der in seiner Umgebung im Überschuss vorhandenen *Dinkelnahrung*. Im Folgenden werden wir häufig auf die hier nur kurz angeschnittenen Probleme zu sprechen kommen.

# Über den Namen des Dinkels

In der Physica der heiligen Hildegard wird über den Dinkel geschrieben unter der Bezeichnung „de spelta" = vom Spelt. Der Ausdruck Spelt ist sehr volkstümlich und wurde latinisiert als *Spelta* benutzt, so dass man eine zeitlang das Wort Spelt vom lateinischen Spelta ableiten wollte. Aber das Umgekehrte ist richtig. Zweifelsohne liegt diesem Begriff das Wort „Spalten" zugrunde. Das kann nun darauf beruhen, dass man von dem geernteten Getreide die Hülsen abspalten muss. Tatsächlich gilt in vielen Gegenden des Dinkelanbaues die Bezeichnung Spelz nur für die Spreu, den Dreschabfall beim Gerben des Dinkels. Man muss aber auch daran denken, dass in einer Spelzhülle zwei Körner aneinander liegen, sozusagen eine Art Fruchtspaltung stattgefunden hat. Daran erkennt man das ausgereifte Dinkelkorn, dass es, zum Unterschied vom Weizenkorn, eine ganz flache Seite seines sonst eher dreieckigen Durchschnitts besitzt. Die Abflachung erfolgt eben durch die paarweise Anordnung der Kerne, zwischen denen ein Spalt besteht. Wenn man so will, kann man darin so eine Art Signatur der physiologischen Spaltbarkeit bzw. Wasserlöslichkeit des Dinkelmehles erkennen. Ob anderen Speltgetreiden, zu denen auch Emmer und Einkorn gehören, ähnliche Eigenschaften zukommen?

Ein anderer Name für Dinkel heisst *Vesen,* welches sprachverwandt ist mit dem Wort Weizen. In den Anbaugebieten des Dinkels wird allerdings von Vesen nur gesprochen, wenn die Kerne in den Spelzen noch eingehüllt sind, also für die Lagerformen. Der Dinkel ist, wie schon erwähnt, in seinen Hülsen lagerfähiger.

Der lateinische Name Triticum Spelta hat zu vielen Missdeutungen als einer Weizenart Anlass gegeben. In einem Buch über Nahrungsmittel-Mikroskopie von Dr. Jos. Moeller, 1886, finden sich als weitere Bezeichnungen für Dinkel: *Krullweizen, Kvälkorn* (Vermutlich Quellkorn), *Kraftmehl, Spelt.*

Die anderen Speltgetreide, Zweikorn und Einkorn, unterscheiden sich durch ihre Doppel-Chromosomenzahl: Dreimal 14 Chromosomen beim Dreikorn Triticum spelta, unserem Dinkel, zweimal 14 Chromosomen beim Zweikorn Triticum dicoccum und einmal 14 beim Einkorn Triticum monococcum.

Die am weitesten in Europa verbreitete Art war das Zweikorn, der Emmer, woher sich die bekannten Namen Emmental, Ammersee, Emmendingen usw. ableiten. Andere Namen dafür waren *Reisdinkel, Jerusalemkorn, Romanischer Weizen.*

Das Einkorn hiess auch *St. Peterskorn, Blick, Speltreis, Ägyptischer Reis, Schnabelweizen, Weizen, Welscher Dinkel.*

Der in der Bibel gebräuchliche Ausdruck *Weizenmark* – adeps frumenti – kann ursprünglich Feinmehl aus dem Emmer, also einem der Spelzgetreide, bedeutet haben, da dieser in Palästina und den angrenzenden Gebieten wildwachsend gefunden wurde. Eine vor einigen Jahren dort entdeckte, hochwertige Emmerart ist dem natürlichen Jahreslauf angepasst und sät sich selber aus.

Auch die Eigenart des Einkorns besteht darin, dass es wie Gras gemäht werden kann und aus der Wurzel wieder nachwächst. Die schlauen Russen versuchten, diese Eigenschaft mit dem Emmer zu kombinieren durch kreuzen der beiden Arten, um eventuell bei einmaliger Aussaat viele Jahre immer wieder durch blosses Mähen das Getreide ernten zu können. Die Versuche scheinen nicht gelungen zu sein, sonst hätte man mehr davon gehört.

Emmer war neben der sechsreihigen Gerste das Hauptgetreide im Altertum. Emmer war auch das Hauptgetreide Ägyptens. In ägyptischen Königsgräbern fand sich Emmer als Grabbeigabe, damit der Mensch auf seiner weiten Reise ins Jenseits mit dem Besten versehen wäre.

Der Name Dinkel selbst, welcher nur im germanischen Sprachbereich vorkommt, ist im Mittelalter auch als *Dinchel, Dinchila* und *Thincil* oder als *Dinkela* zu finden. Man vermutet, dass es mit dem Begriff *Ding,* Gerichtsverhandlung, Amtsverhandlung zusammenhängen könnte. (Auf schwedisch: *Ting,* tingsrätten = der Gerichtshof, so heisst es noch immer in der heutigen Sprache). Ähnlich wie bei den römischen Eheverträgen und anderen Verhandlungen ging auch bei Gerichtsverhandlungen ein Speltessen voraus (Ding-Mahlzeit). Vielleicht wurde die stimmungsaufhellende Wirkung einer Dinkelmahlzeit sozusagen als Stimmungsgrundlage in Rechnung gestellt. Diese besänftigte vielleicht die Richter und sorgte für milde, gerechte Urteile?

Mit *Ding* könnte auch der Begriff „Ausgedinge" zusammenhängen, das Mass an monatlich oder jährlich zuzuteilenden Grundnahrungsmitteln an Dienstboten oder an den Vorbesitzer bei der Hofübergabe. Die Vermutung, dass sogar die *Ing-Rune* mit dem *Ding* zusammenhängen könnte, wurde nicht verifiziert.

Es wäre noch etwas zu sagen über das Wort *Haber-Mus,* welches die morgendliche Grundnahrung der Dinkelbauern war. Es stammt nicht vom Hafer, sondern umgekehrt, der Hafer stammt vom gleichen Wortstamm *Haber,* welcher mit dem althochdeutschen *Habr = Bock* zusammenhängt. Von den Zuchtböcken erwartete man besondere Vitalität, und tatsächlich pflegten die Bauern im Dinkelland Zuchttiere, oder auch zum Verkauf bestimmte „Pracht-Exemplare" vorher mit Dinkel herauszufüttern. Diese vitalisierende Eigenschaft des Dinkelfutters wurde auch bei Pferderennen eingesetzt, indem man die Pferde eine zeitlang vorher damit fütterte, selbstverständlich mit den Spelzen, da die Pferde ja Spelzfutter (Hafer) gewohnt sind.

Dieses Wort *Haber* hängt mit der indogermanischen Wurzel *Hepar-Leber* zusammen. Früher sah man die Leber als Sitz des Lebens an, weshalb auch die etruskischen Haruspices (Eingeweide-Schauer) aus der Leberschau ihre Prognosen stellten.

Die volks-etymologische Deutung von *Anhaben* = anhalten, dass ein Dinkelessen lange anhält, also einen hohen Sättigungswert hat, sei nur am Rande erwähnt. Dabei wurde meistens früher eine Art Röstung der Zubereitung vorangestellt. Der Grund war vermutlich eine Enthülsungsmethode, wonach das Korn zunächst eingeweicht wurde und durch nachfolgendes Darren, Rösten, die Spelzen leicht zu entfernen waren. Durch Rösten ergeben sich dadurch noch reizvollere Geschmacks-Qualitäten. Prinzipiell leidet der Nährwert des Dinkels auch nicht durch irgendeinen Erhitzungsvorgang. Fast sicher ist daraus der sogenannte Kornkaffee entstanden, wobei das Dinkelkorn dunkelbraun bis schwarz geröstet wurde und durch Abkochen die Urform des Kaffees ergab. Der Dinkelkaffee kann mit oder ohne Mahlen dieses Röstkornes hergestellt werden und erfüllt alle Bedingungen eines Frühstücks-Kaffees: Das erste Essen soll ja warm sein und aus einem Getreide hergestellt (Hildegard). Beides trifft dabei zu.

Dass später durch *Kneipp* anstelle des Dinkels das gemälzte Gerstenkorn zu Malzkaffee verarbeitet und popularisiert wurde, bedeutet eigentlich ernährungsphysiologisch einen

Rückschritt. Vielleicht wollte Kneipp dadurch den Gersten-
anbau in seiner Heimat etwas fördern? (Siehe Kaffeekapitel
in: Die Dinkelküche).

Die Ungarn kennen Emmer unter dem Namen *Tönkyly.*
Ob das mit dem Wort Dinkel zusammenhängt? Sowohl in
der Altertumsforschung wie auch in neuerer Zeit wurde
sehr häufig bei den Spelzgetreiden nicht zwischen Dinkel
und Emmer unterschieden, so dass auch oft dort vom
Dinkel die Rede ist, wo eigentlich Emmer stehen müsste
und umgekehrt. Sicher ist Emmer bekannt unter folgenden
Namen:

- In Russland als *Polba* und auch *Zanduri,* er wird noch in
  Transkaukasien kultiviert.
- In England soll Emmer *Amelkorn* geheissen haben.
- In Italien, (Basilikata) ist er als *Durum* bzw. Faro bekannt.
- Slowenisch wurde der Emmer als *Pira* bezeichnet.
- Im Tschechischen hiess er *Pry.*
- Aramäisch/Syrisch hiess er *Kunnatha.* (Heute am Balkan
  *Kamut* genannt.)
- Hebräisch = *Kussemeth*
- Altbabylonisch = *Zitz* oder *Buttuties.*
- Koptisch (Abbessinien) = *Bote,* wobei noch zu bemerken
  ist, dass in Abbessinien noch ein fast blauschwarzes
  Spelzgetreide existiert. (Wildform).

Das Ägyptische ist dem Koptischen verwandt und der
Emmer heisst dort *Bödit.*

(Literatur nach J. Becker, Dillingen 1927; Handbuch des
Getreidebaues.)

Es ist durchaus möglich, dass viele biblische oder alt-
sprachliche Erwähnungen der Gerste eigentlich ein anderes
Getreide meinen, nämlich den Emmer. Die Gerste soll erst
viel später als Kulturgetreide bekannt geworden sein.

Soviel über das andere Spelzgetreide, den *Emmer*, welcher wie gesagt, nicht mit dem Dinkel verwechselt werden sollte.

# Über die Herkunft des Dinkels

Aus einer Doktorarbeit der Landwirtschaftlichen Hochschule Hohenheim (Georg Bauer) entnehmen wir folgende Einleitung:

„Eine Wild-Stammform des Dinkels ist nicht bekannt und damit auch nichts Näheres über den Beginn der Dinkelkultur. Durch Oswald Heer's Funde bei Ausgrabungen in den Pfahlbauten der Schweiz ist erwiesen, dass Dinkel spätestens zur Bronzezeit in Europa vorhanden war, und zwar schon als hochentwickelte Kulturform. Der unanfechtbare Beweis für die Ausbreitung des Dinkels in vorchristlicher Zeit in den Mittelmeerländern konnte nicht erbracht werden. In Gegenden, in denen bei Ausgrabungen alle Weizensorten in grosser Menge zutage gefördert wurden, fehlen Dinkelfunde, woraus man schliessen muss, dass der Dinkel in alten mittelmeerländischen Kulturkreisen nie heimisch war. Das Auftreten des Wortes *Spelta* um 300 nach Christus nördlich der Alpen beweist, dass um diese Zeit der Dinkelanbau dort ausgebreitet gewesen sein muss."

Bei vielen älteren Untersuchungen wurde, wie gesagt, zu wenig zwischen den einzelnen Spelzgetreidesorten unterschieden und sehr häufig von Dinkel geschrieben, wo eigentlich Emmer (Zweikorn) stehen sollte. Dadurch ist eine grosse Verwirrung entstanden, welche vor allem Prof. Dr. Knoll vom Institut für Pflanzenbau und Pflanzenzüchtung der Universität Leipzig in den Jahren vor dem 2. Weltkrieg einigermassen entwirrt hat:

Er schreibt: „Wohl bei wenigen Kulturpflanzen ist die Herkunft in solches Dunkel gehüllt wie beim Dinkel. Die

Sprachforschung wies nach, dass der Dinkel nicht sehr alt sein konnte und dass bei früheren Angaben zwischen anderen Spelzgetreiden und Dinkel nicht scharf unterschieden wurde. Wir wissen heute, dass die ägyptische Sorte *Far* nämlich nicht auf den Dinkel sondern auf den Emmer bezogen ist, der dort überall verbreitet war. Auffallend war vor allem die Tatsache, dass der Dinkel weder in ägyptischen Gräbern gefunden wurde noch in römischen oder anderen Ausgrabungen vorkam, während dort und in den Mittelmeerländern überall das Einkorn, der Emmer und der Weizen gefunden wird. Sie können also nicht das Ursprungsgebiet des Dinkels sein.

Auch in den Ausgrabungen der Steinzeit und des Neolithikum in Deutschland findet man überall Einkorn, Emmer und Weizen, aber keinen Dinkel. Flachsberger kam aufgrund dieser Tatsachen zu dem Schluss, dass der Dinkel verhältnismässig jungen Ursprungs sei* und im nördlichsten Teil der Alpen und der schwäbischen Alb sowie im Schwarzwald entstanden sein muss. Tatsächlich haben die vor einigen Jahren erfolgten Pfahlbaufunde im Bodenseegebiet die Richtigkeit dieser Vermutung bestätigt. Aus diesen Funden geht eindeutig hervor, dass der Dinkel im Bodenseegebiet während der mittleren bis späteren Bronzezeit entstanden ist. Ich hatte selbst Gelegenheit, bei Ausgrabungen im Federseemoor Dinkelkörner aus der Asche eines Herdes in früheren Pfahlbauten herauszulesen."

*Es handelt sich also nicht eigentlich um ein sogenanntes Urgetreide und diese Bezeichnung ist irreführend. Vielmehr könnte man an eine wunderbare „natürliche" Neubildung (vor ca. 2500 Jahren?) denken, wobei sich vielleicht eine Spontankreuzung (??) zwischen Emmer und Einkorn vollzogen hat, wodurch der triploide Chromosomensatz entstand.

Bei den Spelzgetreiden unterscheidet man eine Spelz-Einkornreihe mit dem einfachen Chromosomensatz von sieben Chromosomen, eine Zweikornreihe, Emmer, mit 14 Chromosomen und die Dinkelreihe mit 21 Chromosomen. Bei den ersten beiden kann man Wildformen feststellen, bei der Dinkelreihe fehlt die Wildform. Man glaubte früher, dass der Dinkel sich aus einer unbekannten Wildform entwickelt hat. Diese Theorie konnte aber nicht bestätigt werden. Es ist bis heute nicht gelungen, eine Wildform von Dinkel zu finden. Das Fehlen von Wildformen deutet darauf hin, dass der Dinkel entweder durch eine Mutation entstanden ist oder als ein Bastard betrachtet werden muss.

Die cytologischen Untersuchungen vor dem zweiten Weltkrieg durch Schiemann haben ergeben, dass der Dinkel mit seinen 21 Chromosomen höchstwahrscheinlich aus einer Kreuzung von Ägylops cylindrica, der Wildform mit 7 Chromosomen und dem Emmer mit 14 Chromosomen hervorgegangen ist. Die Frage nach dem Ursprung des Dinkels kann also heute als einigermassen geklärt betrachtet werden. Vermutlich ist Ägylops die Urform und Urstufe des Einkorns. (Eventuell ist auch Weizen aus Ägylops/-Einkorn hervorgegangen).

Es ist anzunehmen, dass die Alemannen bei der Eroberung Süddeutschlands den Dinkel vorfanden, und es ist wahrscheinlich, dass die nach dem Westen verdrängte Urbevölkerung (Kelten) ihn mitnahmen und dass er sich entlang der alten Wanderstrassen der Völker angesiedelt hat. Man nimmt an, dass das Anbaugebiet in den Ardennen darauf zurückzuführen ist.

Dr. Max Horn schrieb 1984 an die Redaktion des „Kosmos":

„Im Zusammenhang mit den Feststellungen, dass die Sveben (Schwaben) während der Völkerwanderungszeit

Dinkel als Saatgut mit sich führten und unter Anderem in dem Svebenkönigreich, das im 5./6. Jahrhundert im Norden Portugals und Spaniens bestand, Dinkel anbauten, interessiert die Frage, von wem haben die Sveben den Dinkel für den Feldanbau übernommen?

In dem ursprünglichen Sitz der Sveben zwischen Berlin und der Ostsee ist nach den mir möglichen Feststellungen kein Dinkelanbau zu verzeichnen, wohl aber bei den Kelten im südwestlichen Bayern, Württemberg und Baden. Nun sind die Sveben mit den Vandalen, die von Schlesien kamen, durch Frankreich nach dem heutigen Spanien und Portugal gezogen. Sie konnten infolgedessen Dinkel als Saatgut nur von jenen Sveben bekommen haben, die schon vor der Völkerwanderung in das römische Zehntland (Bodensee), also in früheres keltisches Siedlungsgebiet eingesickert waren."

Prof.Dr. Knoll schreibt dazu: „Als die Alemannen nach dem Süden kamen, haben sie wie alle wandernden Völker, auch ihre wichtigsten Getreidearten, den Weizen und den Roggen mitgebracht. Wenn sie diese zugunsten des Dinkels aufgegeben haben, doch wohl nur deshalb, weil sie sich überzeugten, dass der Dinkel an den neuen Wohngebieten mehr leistete."

Die nördliche Grenze des Dinkels deckte sich mit dem Verlauf des Limes, des römischen Grenzwalles. Der Limes ist auch eine ökologische Grenze, weil nördlich davon das Nadelwaldgebiet begann. Engelbrecht weist darauf hin, dass die nördliche Grenze des Dinkels das Gebiet ist, wo Weizen und Roggen um die Vorherrschaft streiten und dass der Dinkel in seinen Standort-Ansprüchen zwischen Roggen und Weizen liegt. Bevor in der Spätantike die Völkerwanderung losbrach, war der Dinkel nach Ausweis der Bodenfunde jedenfalls eine etablierte Pflanze.

Dr. Franz Bertsch hat sich durch eine Arbeit über den Dinkel verdient gemacht (nach 1939) und schreibt, dass im Entwicklungsschema dem Wild-Einkorn Ägylops als gemeinsamer Grundform von Dinkel und Urweizen eine besondere Rolle zukommt. Dieser muss dem wilden Einkorn sehr nahe stehen, vielleicht mit ihm sogar gleichzusetzen sein. Wir hätten also im Wild-Einkorn und Wild-Emmer zwei Glieder eines grossen Fomenkreises. Durch Vergrösserung und Festerwerden der Ährenspindel entstand aus dem Wild-Einkorn das Ur-Einkorn und aus dem Wild-Emmer der Kultur-Emmer. Beide Formen treten bereits in den Bandkeramik-Siedlungen Thüringens und Südwestdeutschlands auf, während der sogenannte Zwergweizen nur in Südwestdeutschland in geringer Menge sich findet. Man kann ihn auf eine spontane Kreuzung des Diploidensatzes vom 14-chromosomalen Einkorn mit dem 28-chromosomalen Emmer zurückführen.

In einem Buch von Th. Dobchansky (1939) „Die genetischen Grundlagen der Artbildung" wird darauf hingewiesen, dass Chromosomensätze durch Translokation, Inversion und Genmutation im Laufe der Entwicklung unterschieden werden können. Die Abänderung von Chromosomensätzen ist ein allmählicher Vorgang. *Zubrak* ist es gelungen, aus einer Kreuzung des Einkorns mit einem Vertreter der Emmer-Gruppe tatsächlich hexaploide Getreideformen herzustellen.

Der Dinkel ist auf den Feldern der Bronzezeitsiedler entstanden. Diese haben Emmer, Einkorn und Zwergweizen im Mengkorn-Betrieb zusammen gesät und geerntet. Aus spontan auftretenden Emmer-Zwergweizenkreuzungen entstanden Dinkelformen, die durch die Einflüsse des allmählich schlechter werdenden Klimas im Gegensatz zu ihren Elternpflanzen nur wenig beeinflusst wurden. Durch den natürlichen Auslesevorgang infolge der postglacialen Klimaverschlechterung wurden die empfindlichen Emmer- und Zwergweizenformen zurückgedrängt, der wesentlich robustere Dinkel aber auf den Feldern immer stärker angereichert, bis er zuletzt fast allein übriggeblieben ist.

Seine ältesten Reste stammen aus den spät-bronzezeitlichen Siedlungen Südwestdeutschlands. (Buchau) und der Schweiz (Möhringen). Untersuchungen der römischen Reste aus den Grabungen in Kempten im Allgäu ergaben neben zahlreichen Weizenkörnern Reste zerbrochener Spindeln. Der Grund des Ährchens zeigte eine glatte Bruchfläche, es handelt sich also um Dinkel-Ährchen. Aus römischer Zeit sind drei Funde von sicher bestimmbarem Dinkel in Schwaben bekannt. In der Wasserburg Buchau wurden 385 Dinkel-Ährchen aber nur 17 Emmer-Ährchen gefunden. Wenn wir die früheren Wohngebiete der Schwaben in Betracht ziehen, so reichen sie im 5. Jahrhundert bis zum Hunsrück und zum Main, im Osten bis zur fränkischen Schweiz und zur Isar. In der Schweiz deckt sich die Grenze des Dinkelanbaues fast völlig mit der Sprachgrenze.

Die Abbildung zeigt das frühere Anbaugebiet des Dinkels, das sich zwischen den westeuropäischen Weizen- und den osteuropäischen Roggenbau schiebt. Im Süden wird das Areal von den Alpen begrenzt und zieht sich nur den Rhein aufwärts bis Chur. Im Osten geht die Dinkelgrenze bis über den Inn, verläuft dann am *Ammersee* vorbei an den unteren Lech und an die Rednitz bis in die Gegend von Forchheim. Die Nordgrenze verläuft in ziemlich gerader Linie von Forchheim bis Frankfurt, zieht sich dann dem Main und Rhein entlang bis Koblenz, Aachen und zu den Ardennen. Im Westen reicht der Dinkelbau von der Eifel in die Gegend von Trier und von hier weiter in

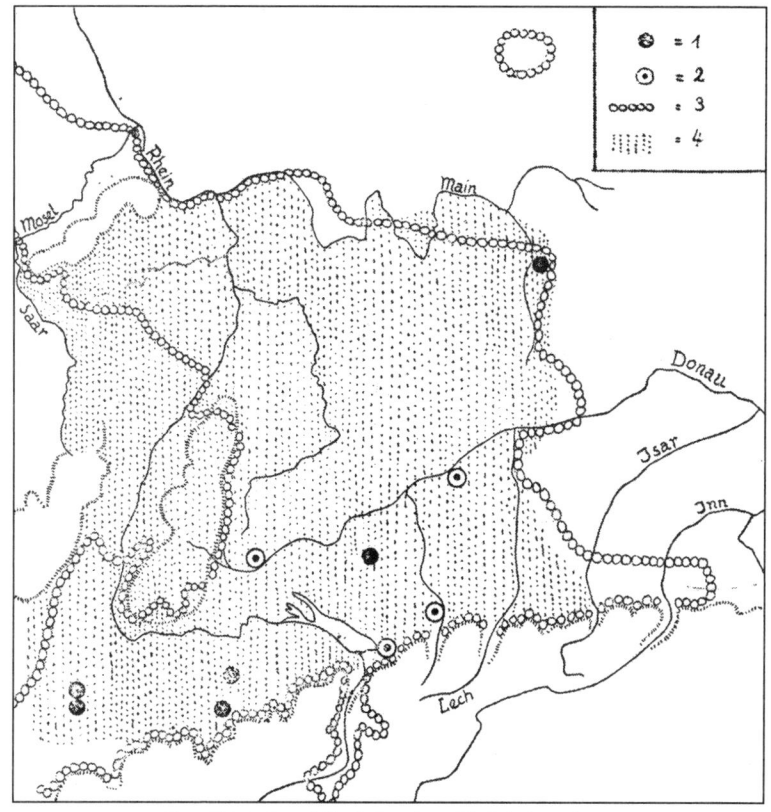

*Der Dinkel und die Schwaben (5. Jahrhundert)*
1 = Funde der Bronzezeit,              2 = Funde der römischen Zeit,
3 = Grenze des Dinkelbaus,          4 = Gebiet der Schwaben bis 500.

südöstlicher Richtung nach Weissenburg und an den Rhein. Dem Schwarzwald und einem Teil des Rheinlandes fehlt der Dinkel, er greift aber von Süden bis Freiburg und Colmar vor. Diese Lücke im Rheinland wurde vielleicht durch die frühere Zugehörigkeit der Ortenau zum Bistum Strassburg verursacht, wodurch sie unter den Einfluss des Westens geriet.

Die Wege der Dinkelausbreitung in Europa.
1 = Gebiet des Dinkelanbaus, 2 = Mannigfaltigkeitszentrum, 3 = Funde der Bronzezeit, 4 = Funde der römischen Zeit.

Der Dinkel
in Europa.

⬡ = 1.
≡ = 2.
● = 3.
⊙ = 4.

Swebenzug unter Geiserich 406
Kelten
Deutschorden 13. Jahrh.
Schwaben 18. Jahrh.

Das Vorkommen von Dinkel in *Schweden* in der Eisenzeit (Vreta-Kloster, Östergötland und auf Gotland, Vallhagar), welches erst in jüngster Zeit festgestellt wurde durch Prof. Hakon Hjelmqvist, Universität Lund 1955/60, lassen der Phantasie einen grossen Spielraum über seinen Ursprung. Waren es versprengte Stämme aus der Völkerwanderungszeit? Alle diese Fragen haben zwar für die Wissenschaft ein gewisses Interesse, aber sicher nicht den kulturellen Wert wie im Stammland des Dinkels. (Schwaben). Praktisch hat sich der Anbau von Spelzgetreidearten von der Steinzeit ab bis in jüngste Zeit (1960) nur auf Gotland erhalten, während er auf dem schwedischen Festland zu Beginn der Wikingerzeit verschwand. Es war eine grosse Überraschung für den Forscher Hjelmqvist, als er diese Tatsache entdeckte. Aus dem Jahre 1963 existiert eine sehr wertvolle Arbeit von ihm „Zur Geschichte des Einkorns und Emmers in Schweden, insbesondere auf Gotland."

In mittel-neolithischer Zeit war das Einkorn ohne Zweifel die wichtigste Getreideart. In der Bronze- und Eisenzeit tritt besonders die Gerste in den Vordergrund, in der jüngeren Eisenzeit Weizen, Roggen und Hafer. Keine Funde von Einkorn und Emmer sind später als zur Wikingerzeit aus Schweden bekannt und man nahm an, dass diese beiden Getreidearten seit langer Zeit verschwunden waren. Überraschenderweise fand man 1845 (Palmström) noch einen ziemlich ausgebreiteten Anbau von Einkorn und Emmer auf den Inseln Gotland und Öland.

Zwischen 1950–1960 liess Hjelmqvist eine grosse Untersuchung über den Anbau der alten Getreidearten Einkorn, Zweikorn (Emmer) und Spällt-Dinkel auf Gotland und Öland durchführen. Persönliche Anfragen bei älteren Landwirten auf Gotland führten dabei zu positiven

Nachrichten (nicht auf Öland). Das Einkorn ist besonders auf mageren Böden, Sandböden und Geröllfeldern angebaut worden (Küstengebiete), wo es wegen seiner geringen Ansprüche mehr geeignet als andere Getreidearten gewesen ist. Unter den Namen Sandweizen, Reisweizen und Altweizen, aber auch als Einkorn ist es bekannt. Es wurde zu Graupen benutzt, aber auch zu Mehl von feiner Qualität. 1961 war der Anbau noch bei Nores-Bjärges betrieben worden. (Südgotland). In der Visby-Gegend sind auch einige Anbauplätze bekannt, deren Besitzer, die Herren von Corswant, seinerzeit Propaganda für ausgedehnten Anbau von Einkorn machten.

Man hätte erwarten können, dass *Linné* während seiner gotländischen Reise 1741 Notizen über den Anbau von Emmer oder Einkorn gemacht hätte. Er erwähnte diese Getreidearten aber nicht, vielleicht weil er zu dieser Zeit sich der Eigenart dieser Sorten nicht bewusst war. Wenn der Name ‚Spelt' angewandt wird, ist es schwer, diese Namen richtig zu deuten. Der Name Dinkelkorn kommt zwar vor, meint aber vermutlich doch eher den Emmer. Für uns ist vor allem interesant, dass auch der Emmer und das Einkorn ihre persönlichen Freunde und Liebhaber fanden. Auch wir meinen, dass man ersatzweise für Dinkel am ehesten auf Emmer zurückgreifen kann. Über den Ursprung des Dinkelanbaues auf Gotland gibt es keine stichhaltigen Dokumente. Wir müssen die Tatsache zur Kenntnis nehmen, dass sein Anbau dort ca. seit zweitausend Jahren (Eisenzeit) eine Tradition hat, auch wenn ausser den Funden von Vallhagar von ca. 300 n. Chr. Dokumente darüber fehlen.

Ein Bauer von Ardre (Mittelgotland) berichtete, dass die Bauern bis zum Jahre 1960 für den eigenen Bedarf einige Hektar Dinkel resp. Emmer angebaut haben, weil es ein so schmackhaftes Brot ergab, während sie den Weizen zum Verkauf anboten! Nach seinen Aussagen und den Aufzeichnungen eines Schülers von Hjelmqvist wurden noch im Jahre 1961 auf einem Acker in Ardre eine Mischsaat von Einkorn, Emmer und Dinkel gefunden. Eine kleine Menge dieser drei Sorten wurde an der Universität Lund tiefgefroren aufbewahrt. Neuere Aussaat-Experimente haben bewiesen, dass sie noch keimfähig waren. Man versucht dadurch, aus den alten Arten die bodenständige Stammform des gotländischen Emmers und Dinkels wieder heranzuziehen. (Versuch durch Bo Hammar, Line, Hörsne, Gotland). Ein Gespräch des Verfassers mit dem Pflanzenzüchter ergab, dass dies mit dem Emmer vortrefflich gelungen ist, während den Dinkel die Hasen auffrassen! (1994). Der Schaden war jedoch nicht allzugross, denn er behält jeweils 50 % des kostbaren alten Saatgutes im Gefrierschrank für spätere Experimente. In einem neuerlichen Gespräch mit ihm berichtete er von einem bevorstehenden Forschungsversuch, von Schottland ausgehend (Prof.Brian P.Forster), wonach daselbst, in Belgien, Israel und auf Gotland Anbautestversuche mit Aegylopsarten sowie Dinkel gemacht werden sollen, um ihre Resistenz auf Trockenheit (klimatisch) festzustellen. Der Versuch auf Gotland geschieht in Regie der Schwedischen Landwirtschaftlichen Universität. (SLU).

Die dem Dinkelcentrum auf Gotland angeschlossenen Landwirte haben bereits im Jahre 1994, wo eine extreme Trockenheit und Wärme herrschte, die Erfahrung gemacht, dass der Dinkel diese zwar gut überstand, dass aber die Ausbildung der Kernen aufgrund der zu früh einsetzenden Trockenheit und Hitze (ab Mai) nicht richtig erfolgen konnte, mit dem Resultat, dass die Kernen kleiner waren als nor-

mal. Dieses wirkte sich sehr nachteilig auf den Schäl-
prozess aus, da sehr viele der kleinen Kernen mit den
Spelzen verschwanden, was einen grossen ökonomischen
Verlust bedeutete. Der Schalenanteil war 60 %, der
Kernanteil nur 40 % der Gewichtsmenge. In ‚normalen'
Erntejahren ist das Verhältnis 35% Schalen zu 65 %
Körnern.

Im Übrigen muss bemerkt werden, dass in den 30 Jahren
von 1961–1991 der Emmer und Dinkel auf Gotland völlig
in Vergessenheit gerieten und erst ab 1991 der biologische
Neu-Anbau von Dinkel durch eine Initiative der beiden
Verfasser und Einfuhr von Saatgut vom Bodensee
(Müllerhof, Allensbach) wieder in Gang kam. Von Gotland
aus hat der Dinkel im Sturmschritt Schweden und
Norwegen erobert und sich dort ungezählte Freunde (als
Konsumenten, in Norwegen auch als Versuchs-Anbauer)
verschafft. In letzter Zeit fand der gotländische Dinkel auch
den Weg nach Finnland. Und demnächst wird er ihn auch
nach Deutschland und in die Schweiz finden.

Wenn die heilige Hildegard auf himmlische Weisung hin
besonders den Dinkel als höchstwertige Getreidefrucht
rühmt, so datiert von dorther eigentlich erst die allgemeine
Wertschätzung, welche wir in diesem Buch ihm zuteil werden lassen. Im Vertrauen auf ihre Autorität haben unsere
Beobachtungen diese Erwartungen voll bestätigt. Wir können fast davon ausgehen, dass in unseren Tagen eine neue
Dinkelkultur beginnt. Die geschichtlichen Angaben und
Funde, – so interessant sie sein mögen – haben demgegenüber nur einen geringeren Wert.

# Teil II

# A. Die Dinkelküche
## Allgemeines

Du nimmst mit diesem Buch das seltsamste Diätbuch der Welt zur Hand. Seltsam schon in seinem Ursprung. Wir könnten nicht sagen, dass wir es erfunden oder erdacht hätten, noch kann das jemand Anderer behaupten. Es geht auf Hildegard zurück. Es ist keineswegs eine Übersetzung, aber Wesentliches an Erfahrungen und Betrachtungen geht auf Anregung von Hildegard zurück. Ihre bestechende Folgerichtigkeit hat uns aber selbst überrascht.

Es ist nichts schwieriger, als eingefahrene Essgewohnheiten zu ändern wegen der individuellen Verschiedenheiten. Manchem fällt es leichter, manchem schwerer. Immerhin verdanken wir diesem Grundprinzip des Menschseins die Erhaltung des Dinkels. Es wäre sonst ausgeschlossen gewesen, dass der Dinkelanbau sich erhalten und schliesslich nur noch konzentriert auf das schwäbisch-alemannische Anbaugebiet den Weizen- und Kartoffel-Verlockungen solange standgehalten hätte. Dabei bleibt nach wie vor offen, ob das von der Wissenschaft behauptete weitere Anbaugebiet des Dinkels zu Recht bestand.

Alle meine Erfahrungen, die allerdings nur 50 Jahre Hildegard- und Dinkelforschung umfassen, haben mich noch nicht von meiner Meinung abbringen können, dass fast in allen anderen Anbaugebieten eine grundsätzliche Verwechslung von dem Spelzgetreide Dinkel mit dem Spelzgetreide Emmer vorliegt. Jedenfalls in historischen Zeiten, und bis vor kurzem war das noch vorhandene Anbaugebiet streng an das schwäbisch-alemannische Kultur- und Sprachgebiet geknüpft. Das ging so weit, dass im Lande Bayern der Lech die Sprach- und Kulturgrenze zwischen dem bayrischen Weizenanbau und dem schwäbisch-alemannischen Dinkelanbau wurde, vom Oberammergau angefangen bis zur Mündung des Lech in die Donau.

Die Liebe des schwäbisch-alemannischen Volkes zu ihrem Stammgetreide bewirkte, dass sie beim Auswandern immer auch Dinkel zum Anbau in der neuen Heimat mitgenommen haben, (im rumänischen Banat, Wolgagebiet und in Amerika).

Wieweit die Essensgewohnheiten mit der Kulturgeschichte der einzelnen Völker zusammenhängen, kann man in der Fachliteratur nachlesen. Ich für meinen Teil bin vollkommen überzeugt davon, dass das jahrhunderalte und generationenalte Grundnahrungsmittel Dinkel den humorvollen, einfachen, vernünftigen Charakter des Dinkelvolkes mitbestimmt hat. Ich gehe sogar soweit, zu behaupten, dass die schwäbisch-alemannischen Ahnen eines Goethe, Schiller, Hölderlin, Wieland, Mozart, Zeppelin, Benz sowie die berühmten Fürstengeschlechter, die Salier, Stauffer, Welfen und Habsburger und letzten Endes sogar die Nachkommen Karls des Grossen ihrem „Dinkelblut" ihre zähe Durchsetzungskraft verdankten.

Wenn man so will, ist der Nationalcharakter der Deutsch-Schweizer, der gewiss in Europa einmalig ist, ebenfalls eng mit der Dinkelkultur verbunden. Natürlich, eine einmalige Dinkelmahlzeit macht das nicht, aber Generation für Generation, da könnten Zusammenhänge bestehen. Berühmt sind in der Schweiz die eigenartig schlagfertigen Appenzeller Witze, genauso wie der Galgenhumor der Schwaben. Wenn mit der Dinkelküche auch nur ein paar Gramm vom Dinkelhumor (gute Säfte) in das Denken der Menschheit – weltweit – einfliessen, dann müsste das auf lange Sicht ein ganz erheblicher Beitrag zur Völker-Verständigung sein.

Dass die Küchen, die Köche und Köchinnen nicht überall mit wehenden Fahnen in das Dinkel-Lager übergehen, braucht uns nicht zu wundern, zumal es ja sein könnte, dass gerade die hartnäckigsten Gegner auch von irgendwelchen Ahnen her „Dinkelblut" in sich haben. Dass im deutschen Sprachgebiet bis zum heutigen Tag die Spelzländer Baden-Württemberg und Vorarlberg im Rahmen eines grösseren Staatsgebietes immer mit dem Beinamen „Musterländer" bezeichnet wurden, kann doch auch kein Zufall sein. Eine gesunde Mischung aus bäuerlichem Konservativismus und fortschrittlich liberalen Grundsätzen war dazu nötig.

Wir haben drei Kapitel für Dinkel in der Küche gewählt, um nach Möglichkeit allen Menschen guten Willens eine Chance zu geben, für Leib und Seele ein gutes Grund-nahrungsmittel einzuführen.

# Die normale Familienküche

Es gibt verschiedene Geister. Auch in der Küche. Auch unter den Dinkelfreunden. Dieses Volksgetreide soll einen Fortschritt und nicht Unfrieden in die Familie bringen. Wenn die Hausfrau ihre Küche nach den modernsten Gesichtspunkten, d.h. auf das Dinkelgetreide einstellen will, gehört ein bisschen Klugheit und ein Schuss Humor dazu, um das reibungslos über die Bühne gehen zu lassen. Weder mit der Brechstangenmethode, im Hau-Ruck-Verfahren, noch mit dem Kopf durch die Wand kommt man zum Ziel. Erfahrungsgemäss ist es so, dass bei einer mehrköpfigen Familie mindestens ein Familienmitglied sich quer legt, wenn etwas Neues eingeführt werden soll.

**Also Regel Nr.1: Nicht darüber reden. Handeln.**
Küchentechnisch bringt es gar nichts Neues. Daher führt man allfällige Umstellungen so durch, dass überhaupt niemand etwas davon merkt. Wenigstens nicht am technischen Ablauf. Das ist die ganze Kunst. Nicht davon reden, sondern nur handeln! Früher oder später erfahren „sie" dann, was da eigentlich ‚passiert' ist. Aber dann sind sie längst vertraut damit, ja, haben bereits die guten Erfahrungen am eigenen Leib gemacht.

**Regel Nr. 2: Einkaufsquellen sichern.**
Die Schwierigkeit liegt in der Beschaffung, da noch wenige Lebensmittelgeschäfte auf das gesamte Dinkelwaren-Sortiment eingestiegen sind. Was brauchen wir? Dinkel-Weissmehl. Denn unsere Familie ist daran gewöhnt und

indem wir stillschweigend das Weizen-Weissmehl durch Dinkel-Feinmehl ersetzen, haben wir einen der wichtigsten und wertvollsten Schritte eingeleitet. Wir selbst müssen wissen, dass wir beim Dinkelgetreide auch vor dem Weissmehl keine Angst zu haben brauchen. Das liegt im Wesen des Dinkelkern-Aufbaues. Wie wir schon hörten, ist das Dinkelweissmehl meist etwas gelblich, weil es viel mehr mit Eiweiss durchzogen ist als das reine Stärkemehl des Weizens. Auch das Dinkel-Weissmehl sorgt dafür, dass die gesundheitsnotwendigen Reserven im Körper vermehrt statt vermindert werden, wie das beim Weizen der Fall ist. Kalorienmässig sind die beiden geichwertig. Aber das Dinkel-Weissmehl liefert ebenfalls wertvolle Vitamine und hat den Vorteil, das ideale Kochmehl zu sein, weil es beim Kochen genügend aufgeschlossen wird. Nach Hildegard wissen wir, dass das Weizen-Weissmehl gesundheitlich minderwertig ist, ganz in Übereinstimmung mit den modernen Erkenntnissen. Die heutigen Forschungen wissen aber nicht, dass das Dinkel-Weissmehl diesen biologischen Nachteil nicht besitzt. *Also grundsätzlich als Weissmehl nur Dinkel-Weissmehl einsetzen.* Das merkt keine Katz', ist technisch kein Problem und bringt grossen Gewinn für Gesunde und Kranke.

Wir verwenden für Spätzle, Nocken, Knöpfle, Knödel und wie diese Weissmehlspeisen sonst noch heissen mögen, grundsätzlich Dinkel-Weissmehl statt Weizen-Weissmehl. Ebenso auch für Kuchen und Backwaren und verbannen das Weizen-Weissmehl als minderwertig ganz aus der Küche.

Das Gleiche gilt ebenso für den Griess, welcher aus dem weissen Mehlkern sowie aus dem vollen Korn (Weissgriess und Vollkornsgriess) hergestellt wird. Dinkelgriess ist in jeder Hinsicht dem Weizengriess überlegen. Nicht nur geschmacklich, sondern vor allem seinem Gesundheitswert nach. Bei allen Dinkelprodukten brauchen wir nur das Eine zu wissen, dass sie stärker quellen, also mehr Wasser aufnehmen, dass also weniger Mehl/Griess gebraucht wird, um das gleiche Volumen fertiger Nahrung zu erreichen. Man muss ihnen nur Zeit zum Quellen lassen.

Die Teigwaren aus Dinkel anstelle der Weizenteigwaren ändern in der Küche genauso wenig, d.h. äusserlich gar nichts. Teigwaren-Zusätze wie Quendel, Spinat oder andere Gemüse sind höchst überflüssig. Wenn Teigwaren, dann nur richtige Teigwaren, wenn Gemüse dann Gemüse, aber kein Misch-Masch. Die Küche soll keine Apotheke sein. Es genügt vollkommen, wenn sie nicht krank macht.

**Regel Nr.3: Vollkorn-Produkte niemandem aufdrängen.**
Wir sind beim Dinkel grundsätzlich nicht auf Vollkornprodukte angewiesen. Sie können Vorteile haben und haben sie auch. Aber bei der Einführung der Dinkelküche dürfen wir nicht sogleich auf Vollkorn umschalten, wenn vorher Vollkorn noch nicht eingeführt war. Wo aber dies der Fall ist, kann selbstverständlich Vollkorn-Dinkel den Vollkorn-Weizen mit Vorteil ersetzen. Beim Vollkornmehl werden die Kleiebestandteile mit vermahlen und beim Vollkorngriess ebenfalls die Randschichten des Kornes mit verarbeitet. Für Kenner und Liebhaber oder falls ein erhöhter Vitamin-B-Anteil erwünscht ist, brauche ich dafür keine Lanze zu brechen. Eine ausgesprochene Notwendigkeit, von den Feinmehlprodukten auf die Vollmehlprodukte überzugehen besteht nur dann, wenn ein erhöhter Mineralbedarf vorliegt oder eine Verdauungsstörung wie die Stuhlverstopfung, die durch Dinkel-Vollkornprodukte meistens nach drei Tagen behoben werden kann. Wegen der Darmgewöhnung sollte man die üblichen Kostformen in der täglichen Ernährung beibehalten.

Das Einzige, was in den Randschichten des Dinkels neben den Faserstoffen erhöht vorhanden ist, sind die Mineralien, vor allem Magnesium, Kalcium, Eisen und Silicium. Wenn man beide Möglichkeiten – Weissmehl- und Vollkornprodukte – abwechselnd ausnützt, dürfte für die Durchschnittsfamilie das Optimale erreicht werden. Von vornherein gleich mit Vollkornwaren beim Dinkel anzufangen, ist abzuraten und kann soweit gehen, dass es sogar Tränen gibt.

**Regel Nr. 4:  Familiefriede an erster Stelle!**
Was die Backwaren betrifft, so ändert sich dabei nichts. Weizen-Weissbrot kann durch Dinkel-Weissbrot und Weizen-Vollkornbrot durch Dinkel-Vollkornbrot ersetzt werden. Bei Magenempfindlichkeit empfehlen wir grundsätzlich kein grob-körniges Brot, sondern feinkörnig bis mehlig. Der Versuch, eine sogenannte Kaufaulheit durch Grobkörniges zu ersetzen, scheitert meistens. Wenn man will, dass Brot und Backwaren besser gekaut werden, gilt immer noch der Grundsatz:

**Regel Nr. 5: Hunger ist der beste Koch.**
Das heisst auch, dass wir niemals, weder dem kleinen Kind noch dem grossen, noch den Erwachsenen, noch den Alten Essen aufzwingen dürfen. Ein gesunder Appetit vor den nicht zu reichlichen und nicht zu häufigen Mahlzeiten ist eines von den Geheimnissen einer menschenfreundlichen Küche. Dass man daneben selbstverständlich schmackhaft und würzig kocht wie auch sonst, ändert sich durch die Dinkelküche nicht. Selbstverständlich sind die Domäne der Dinkelprodukte die *Suppen*. Muss ich hier noch eine Lanze für die Suppe an sich brechen? Der Suppenkasper sollte eigentlich ausgestorben sein. Denn nach Hildegard ist ein

warmes Essen zur Eröffnung jeder Mahlzeit nur erwünscht. Diese uralte Tradition soll aufgrund theoretischer Überlegungen nicht aufgegeben werden. Die gute Köchin erkennt man an der guten Suppe. Und wiederum kann der Dinkel dazu helfen, uns das Leben zu vereinfachen – und unser Denken.

Noch ein Wort über die Dinkel-Graupen. Sie waren im alten Rom bei der Hochzeit das Vermählungsessen (confareatio) der gewiss als Feinschmecker berühmten alten Römer. Es müsste der Ehrgeiz aller Dinkel-Lieferanten sein, uns wieder mit grossen und kleinen Graupen zu versehen. Sie sind die idealste Suppeneinlage. Ersatzweise kann man auch an echte Dinkelgrütze denken. Die Graupen sind rund, die Grütze ist kantig. Das gemeinsame von beiden ist, dass sie mehlfrei gekocht werden. Sie brennen beim Kochen nicht so leicht an und brauchen auch nicht viel länger zum Kochen, weil sie bei einiger Nachquellzeit ihre volle Gare erreichen. Sie werden nur dann nicht am Platze sein, wenn irgendein Familienmitglied zu Durchfall neigt oder an Durchfall leidet. In diesem Falle zieht man natürlich mehlige Suppen vor, und zwar nicht dicke sondern dünne. (Vorsicht, Dinkel quillt stark, so dass bei Mehl ein unerwartetes Eindicken erfolgt, wenn man zu wenig Wasser oder zuviel Rohware genommen hat.)

**Daher Regel Nr. 6: Auch die Dinkelküche braucht Erfahrung!**

Wenn man in Not- und Hungerzeiten knapp mit Lebensmitteln versehen ist, dann dürfte das Standardessen aus *Dinkelschrot* bestehen, welches am meisten sättigt und wie alle anderen Dinkelprodukte auch bei häufigem und reichlichem Einsatz keinen Überdruss hervorruft. In dieser Form war das nationale Frühstücksessen, das Habermus, im alten

Dinkelland eingeführt und kann als solches auch heute noch viele Freunde gewinnen. Selbstverständlich aus Dinkelschrot, nicht aus Hafer und nicht aus Weizen. Grundsätzlich rate ich, beim Kochen zusammen mit Dinkel möglichst wenig Milch zu verwenden. Nicht wegen der Hay'schen Trennkost, sondern weil der Dinkel selbst einen hohen Eiweissgehalt besitzt und mit Milch geradezu schleimigklebrig wird. Wenn dann die Familie die Nase rümpft, braucht man sich nicht zu wundern. Das ist also überflüssig: daher

**Regel Nr. 7: Klug sein !**
Noch ein Wort über die Dinkel-*Ganzkörner.* Solange sie naturbelassen und „geschlossen" sind, brauchen sie schon eine gewisse Zeit, um gar zu werden. Es gibt eine doppelte Gare, wenn das Korn noch geschlossen bleibt oder wenn es beim Kochen aufblättert. Zur Weiterverarbeitung für Küchle und sonstige Kombinationen mit Teig und Ei eignen sich die vollaufgeblätterten Dinkelkörner sehr gut. Als Eigengericht sind sie aber nicht so beliebt. Für die ganze Familie nimmt man lieber die geschlossenen weichen Körner. Dabei gibt es wieder zwei Tricks: Wenn man das Salz vorher zusetzt, bleiben sie meist geschlossen, wenn man salzfrei kocht (und nachher würzt), blättern sie eher auf.

Eine Sonderform des Dinkelganzkornes ist der sogenannte Dinkel-Reis, (in der Schweiz „*Kernotto*"). In diesem Falle sind nur die spitzen Enden des Dinkelkornes abgerundet und abgeschliffen. Dabei geht sicherlich der Keimling weitgehend verloren. Dinkelreis hat aber den Vorteil, dass er beim Kochen nicht aufblättert, sondern wie Reis oder Graupen geschlossen bleibt. Das gibt einen gewissen Geschmacksvorzug, der in vielen Fällen sehr willkommen ist.

**Regel Nr.8: Keine Angst vor dem Kochen des Dinkels.**
Erhitzen „stört" ihn nicht. Durch den eiweissdurchzogenen Mehlkernbau des Dinkels erfolgt eine Art „Maskierung" des Eiweisses und der Vitamine. Sie brauchen zum Unterschied zu anderen Vitaminträgern beim Dinkel vor dem Kochprozess keine Angst zu haben. Daher...

**Regel Nr. 9: Rohkost ist bei Dinkel nicht nötig!**
Wer Dinkelflocken, vor allem die Dinkel-Feinflocken, als Dinkel-Müsli roh verwenden will, gut; aber notwendig ist es bei Dinkel nicht. Rohe Dinkelkörner gekaut ergeben nach einiger Zeit Kaugummi.

**Regel Nr. 10: ‚Wie immer zubereitet, ist Dinkel gut ...'**
Keine Angst vor *Dinkelkaffee!* Es gibt auch noch den Dinkelkaffee aus den dunkel- bis schwarzbraun gerösteten Dinkel-Ganzkörnern. Der letzte Streit, ob man die ganzen Dinkelkörner zum Kaffee benutzen soll oder ob man sie mahlen soll, ist unterdessen beigelegt. Aromatischer ist zweifelsohne die Ganzkornabkochung. Das ist wirklich ein Kaffee. Wer aber schnell eine schöne Farbe haben will oder überhaupt einen „fülligeren" Kaffee herstellen will, nimmt eben den gemahlenen Dinkelkaffee und weiss dabei, dass er wie jeder gemahlene Getreidekaffee stark schäumt. Diesbezüglich achtgeben! Wenn man den aufkochenden Kaffee mit dem Löffel einigemale hochzieht, lässt sich dieses Schäumen ganz gut abfangen. Dabei stellt man fest, dass man den Sudsatz noch mehrmals abkochen kann. (3-5 mal) und es gibt immer noch einen ganz vernünftigen Kaffee. Mit oder ohne Milch, mit oder ohne (braunen) Zucker. Für die grossen Kaffeetanten kann man sogar etwas Bohnenkaffee mitkochen. In diesem Falle rate ich, die Kaffeekörner nicht zu mahlen. Beim Kaffekränzchen der Hildegard-

freunde gilt das geflügelte Wort: Hildegard-Kaffee oder Giftkaffee? Dieser Kaffee hat mehr oder weniger Dinkel-kaffee-Zusatz. Wer den Bohnenkaffee gewohnt ist (und verträgt) braucht auf den Dinkelzusatz nicht zu verzichten. In diesem Falle verbessert sicher der Dinkel die Bohnen-kaffeewirkung insofern, als ein solcher Zusatz die Niere entlastet. Bekanntlich trinkt man in Wiener Kaffeehäusern zum Bohnenkaffee immer ein Glas Wasser eben wegen der Nieren. Hat man aber Dinkel mitgekocht, ist das ,Wasser' sozusagen schon dabei. Wer den Bohnenkaffee schlecht verträgt, aber ihn liebt, kann zusätzlich etwas Galgant-wurzel mitkochen. Diese entgiftet etwas. (Oder man erhitzt ihn zum Entgiften mit einem vergoldeten Tauchsieder…)

Wenn man selbst Dinkelkörner zu Kaffee röstet, muss man drei Dinge beachten:

1. Ein Teil soll schwarz geröstet sein, ,verbrannt'. Das gibt die intensive Farbe. Die Gefahr der Kanzerogenese besteht beim Dinkel nicht. Im Gegenteil, er kann sogar die Dysbakterie etwas regulieren. (Pflanzenkohle-Effekt).

2. Bei Dunkelröstung entsteht ein intensiver Geruch. Also lieber im Backofen oder unter Abzug-Haube oder im Freien rösten.

3. Ein guter Dinkelkaffee besteht immer aus einem Gemisch dunkelbrauner und hellgerösteter Körner. Das liefert eigentlich seinen Feingeschmack, den man nach Belieben variieren darf.

Bei der Gelegenheit kann man noch auf andere Röst-produkte verweisen, wobei man wieder daran denkt, dass durch Rösten am wenigsten gerade beim Dinkel verdorben werden kann. Man darf Mehl, Griess, Flocken, Schrot, alles rösten. Man kann Dinkel trocken rösten, feucht rösten, mit oder ohne Fett rösten. Immer wieder kommen beim Dinkel andere Geschmacksnuancen hervor. Man möchte Dinkel in diesem Sinne sogar als „Geschmacks-Kamäleon" bezeichnen, der vielen, vielen Gesichter – pardon, Geschmäcker wegen. Echten Dinkel, vorausgesetzt. Wiederum sei gewarnt vor Mischung mit anderen Getreiden. Je nachdem, bei welcher Hitze man röstet und ob man langsam oder schnell die Hitze steigert oder einwirken lässt, gibt es viele Variationsmöglichkeiten des Geschmackes. Vielleicht spielte beim Rösten früher die Konservierungs-Absicht eine Rolle. Das Röstkorn ist besser haltbar und war seinerzeit sogar die Marschverpflegung der römischen Legionen.

**Regel Nr. 11: Dinkel grundsätzlich nicht mischen.**
Das sei den Mischbrotfreunden ins Stammbuch geschrieben. Wenn sonst vielleicht das Drei- Vier- oder Fünfkornbrot Vorteile haben mag, dem Dinkelbrot andere Getreide beizumischen, bedeutet immer einen Rückschritt und eine Wertminderung für den Dinkel. (Ausnahme siehe am Schluss des Kapitels: Zukunftsperspektiven).

# Dinkel für jeden, der...

eine gesunde Naturkost liebt und die Einfachheit. Die Dinkelküche ist einfach;

im Wachstum steht. Dinkel ist reich an Naturkalk und Mineralien in gut verwertbarer Form, also ideal für Kinder und werdende Mütter;

einen empfindlichen Magen und eine chronische Verdauungsstörung hat, sowie bei allen Harn- und Nierenleiden, weil diese nie heilen können, solange nicht der vorgeschaltete Magen- Darmtrakt besser funktioniert. (Hildegard);

mager ist, kalte Hände und Füsse hat, an Kreislauf- und Durchblutungsstörungen leidet, weil Dinkel wohlig wärmt und den Blutaufbau verbessert und die Nierenausscheidung fördert;

schlank werden möchte, weil reiner Dinkel relativ rasch sättigt und nicht einmal in den gefürchteten Suppen dick macht. Das beruht neben seinem spezifischen Eiweissgehalt auf noch unbekannten Faktoren;

ein starker Esser ist und nicht leicht satt zu bekommen ist, der schwere oder auch Gehirnarbeit zu leisten hat. (Zweckmässigerweise den Gemüsen und anderen Gerichten als Feinschrot beimischen und als Sossenbinder);

nicht viel Zeit fürs Kochen aufwenden will oder kann. (Studenten, Berufstätige, Alleinstehende, alte Leute.) Ein

Dinkelmus mit Butter, Käse oder Ei ist im Handumdrehen fertig. Dinkel braucht nicht lange zu kochen. Ankochen genügt, dann quellen lassen;

viel im Gasthaus und in Werkküchen verpflegt wird, zur individuellen Aufwertung einer Massenverpflegung;

an einer akuten Magen-Darmkrankheit leidet. Nur mit Wasser und Salz gekocht ist der Dinkel hundertprozentig, das heisst, in jeder Lebenslage uneingeschränkt nützlich. Man schont die Magen-Darmsäfte und kommt dabei doch nicht von Kräften;

eine Krebsgefährdung durch Erbanlage besitzt, wobei namentlich die Dinkelfaserstoffe (Kleie) eingesetzt werden sollen. Bekanntlich kann dadurch das Risiko, an Dickdarmkrebs zu erkranken, herabgesetzt werden.

# Die vier Geheimnisse des Dinkels

Schlägt man ein Lexikon auf, steht dort: Dinkel – eine Weizenart. Das ist nur insofern küchenrichtig, als man alle Dinkelwaren wie die entsprechenden Weizenprodukte verwenden kann, aber nicht umgekehrt. Der Weizen ist kein Dinkel und hat keine Dinkel-Qualitäten.

**Dinkel-Geheimnis Nr. 1:**
Wir verwenden dort Dinkel, wo seine Vorzüge am meisten zur Geltung kommen.
Dinkel ist ein ausgesprochenes Kochgetreide. Es übertrifft in dieser Hinsicht weit den Weizen, welcher praktisch nur als Brotgetreide gelten kann (als Vollkornmehl-Brot nach H.v.B.). Daher liegt der grösste Unterschied gegenüber dem Weizen beim Kochen.

**Dinkel-Geheimnis Nr. 2:**
Dinkel ist das „Getreide mit dem Ei daran". Das heisst, der Dinkel ist von Natur aus mit soviel und so gutem Eiweiss ausgestattet, dass wir uns nötigenfalls den Zusatz von Eiern ersparen können. Das beruht nicht nur auf seinem hohen und spezifischen Klebergehalt, sondern unter anderem auch auf der eigenartigen Teigführung durch die Molekularstruktur des Dinkelkernes.

**Dinkel-Geheimnis Nr. 3:**
Dinkel schmeckt immer anders und immer gut. Es ist eine eigenartige Erfahrungstatsache, dass man Dinkel von Tag zu Tag lieber hat und dass einem schliesslich etwas fehlt, wenn man keinen Dinkel bekommt. Kleine Veränderungen

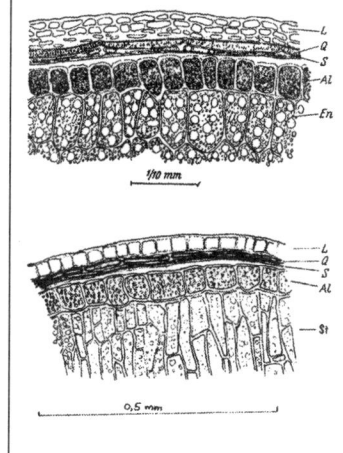

*Abb.2* Weizenkorn, Randpartie quer. L = Längszellen, Q = Querzellen, S = Samenschale, Al = Aleuronschicht, En = stärkeführendes Nährgewebe.

*Abb. 3* Dinkelkorn quer, L = Längszellen (verlaufen in Längsrichtung des Kornes), Q = Querzellen (verlaufen quer zuden Längszellen), L u. Q bilden die Fruchtschale. S = Samenschale, Al = Aleuronzellen (mit aus Eiweß bestehenden Aleuronkörnern [Kleber], St = Stärkezellen (vollgestopft mit Stärkekörner.

(aus der Hildegard-Zeitschrift Herbst 1995)

der Wassermenge, der Kochdauer und ähnliches bewirken bereits einen neuen Geschmack. So ist der Dinkel ein echtes „Je länger je lieber". Das Anders-Schmecken gilt natürlich in verstärktem Mass, wenn man verschiedene Dinkelwaren verwendet, ganz abgesehen vom Rösten, Schmälzen und anderen Kochkünsten. Allerdings, je einfacher zubereitet, desto besser für die Gesundheit. Ein gesunder Hunger gehört eben auch zum gesunden Essen.

**Dinkel-Geheimnis Nr. 4:**
Dinkel verliert durch Kochhitze bis 100 ° nichts. Manchem wir das neu sein. Warum das so ist, lässt sich in Kürze nicht erklären. Hat es einen Sinn, von Schutz-Kolloiden, maskiertem Eiweiss, Eiweiss-Sequenzen und Ähnlichem zu reden? Es genügt, dass wir keine Angst vor dem Kochen zu haben brauchen. Die Küche zerstört den Dinkel nie. Beim Dinkel brauchen wir über die Zubereitungsweise nicht lange nachzudenken.

Der Geschmack allein entscheidet und Ihre Kochkunst, verehrte Hausfrau.

Haben wir Dinkel gekauft, brauchen wir keine langen theoretischen Überlegungen. Wir haben das beste Getreide gekauft, was es gibt und können uns nach Herzenslust ans Zubereiten machen. Der Dinkel tut immer mit. Das ist sein Geheimnis.

Wenn Du nur einen Teil Deines täglichen Speisezettels mit Dinkel bestreitest, so hast Du auch davon einen Vorteil. Ob Du genauso gesund und munter bleibst, wie bei Dinkel als Hauptkost, hängt davon ab, ob Du nebenbei noch viele und grundsätzliche Ernährungsfehler machst. (Zuviel Schweinefett, zuviel Salz und Zucker etc.).

Auch in diesem Falle könnte Dinkel, wenn Du ihn auch nur teilweise in den Alltagsplan einschleust, manchen Fehler ausgleichen.

# B. Für Vegetarier und andere Gesundheits-Apostel

Viele Menschen haben in unserer Zeit schon erkannt, dass in der traditionellen Ernährung etwas nicht stimmen kann. Woher kommt das?

In erster Linie von ärztlichen Aussenseitern, die in ihrer Praxis die Erfahrung gemacht haben, dass Diätveränderungen einen ganz erheblichen Anteil am Heilungseffekt haben können. Gewiss war Kneipp einer der ersten – natürlich wieder ein Schwabe – welcher eine kleine Revolution in der Küche eingeleitet hat, wobei er eigentlich weniger von der Dinkelkultur als von der bäuerlichen Lebensweise ausgegangen ist. Im Rahmen des damals nicht unbekannten Schlagwortes:

„Zurück zur Natur" wandte er sich gegen die unnatürlichen Lebensgewohnheiten seiner Zeit. Und die waren damals noch nicht einmal so unnatürlich wie zu unserer Zeit. Dass er zum Wasserdoktor geworden ist, mag Schicksal gewesen sein; immerhin bedeutet das Wasser auch einen wesentlichen Faktor in der Dinkelküche und in der Natur. Es ist das dritte von den vier Elementen. Man ehrt Kneipp als Wasserdoktor. Selbst wenn er nicht einmal den akademischen Ehrendoktor bekommen hat, so wurde er doch von Vielen und sogar vom Papst als medizinischer Ratgeber beigezogen.

Ein weiterer wichtiger Schrittmacher auf dem Weg zur gesunden Ernährung war Dr. Bircher-Benner und in seinem Gefolge eine ganze Reihe anderer Rohköstler, wie z.B. Dr. Kollath, welcher Wert auf „lebendige" Nahrung legte.

Wobei wir eigentlich schon bei der Rohkostbewegung sind. Nicht zu vergessen wäre hier Are Waerland.

Von Rudolf Steiner, der zwar kein Arzt war, der sich aber im Zuge seiner kosmischen Gesamtschau auch mit Ernährungsfragen befasste, leitet sich eine erneuerte biologische Denkweise in der Medizin und der biologisch-dynamischen Landwirtschaft ab. Demgegenüber verblassen die Ernährungslehren eines Prof. Dr. Rubner, die nur in wissenschaftlichen und militärischen Kreisen eine gewisse Rolle spielten.

Und dann kamen die Entdeckungen der Vitamine, eine Grosstat ärztlicher Forschung. (Man kann wieder sagen: von Aussenseitern.) Viele haben ein Mosaiksteinchen zur Veränderung unserer Essgewohnheiten beigetragen, aber sie alle erwähnten den *Dinkel* nicht. Wenn wir also für diese fortschrittlichen bzw. alternativen Kreise etwas Neues bringen wollen, bleibt uns gar nichts anderes übrig, als einen Neuansatz zu wagen, ob willkommen oder nicht.

Das Neue, was die Dinkelbewegung bringt, verdankt seinen Ursprung nicht einem Arzt – oder vielleicht dem höchsten aller Ärzte, der Weisheit Gottes selbst. (Siehe das Kapitel: Hildegard von Bingen). Das ist gewiss etwas absolut Neues. Seit den Tagen des Asklepios hatte niemand mehr die Medizin auf den himmlischen Ursprung zurückgeführt. Und das gerade in unserer neuheidnischen Zeit! Wenn wir den Dinkel in dieses Gesamtkonzept einordnen wollen, müssen wir von einer Subtilitätslehre sprechen. Wir alle kennen den Begriff subtil, d.h. auf feinen Unterschieden beruhend.

Getreidenahrung ist eigentlich schon von den Makrobiotikern mit Beschlag belegt worden. Wir geben gerne zu, dass das Früchte-Essen auch an einer Stelle bei Hildegard als höchste Diätform erwähnt wird. Daneben aber – so als ob Gott seine Pappenheimer kennen würde – kann sich jeder von der hildegardischen Diätlehre ein Scheibchen abschneiden – den Dinkel ausgenommen. Beim Dinkel gibt es keine Kompromisse. Wer will, kann sich und seine Patienten von dessen Qualitäten mit Leichtigkeit überzeugen. Er ist die tragende Säule jeder Ernährung, die sich mit Recht auf Hildegard beruft. Oder umgekehrt, man kann sich nicht auf die Wahrheit berufen, wenn man nicht mindestens die Dinkeldiät geprüft hat. Wie diese Prüfung ausfällt, darüber besteht für uns kein Zweifel.

Es gibt Menschen, denen auch die Dinkeldiät (nicht nur anfangs) Schwierigkeiten bereitet. Wenn sie auch relativ selten sind und um ein Vielfaches von den Anderen übertroffen werden, welche die Dinkelkost begeistert in ihr Küchenprogramm aufnehmen, so kann das durchaus reale Gründe haben. Unseren Erfahrungen nach sind es selten sachliche Gründe, die manchen Schwierigkeiten beim Dinkel bereiten, sondern psychische. Wie wir aus Hildegard wissen, können Tugend und Laster auch von der Ernährung abhängen. Eingeweihten sage ich hier kein Geheimnis. Ich gehe aber nicht so weit, um aus der Hildegard-Medizin ein Glaubenssystem zu machen, was gerade auf dem Gebiet der Ernährungslehren gar nicht so selten der Fall ist. Wir machen auch als Dinkelfreunde aus unserem Bauch keinen Gott! Wenn einer glaubt, ohne Dinkel selig zu werden, wird dem sicher nichts im Wege stehen und er kann hier gleich das Buch zuklappen.

Anschliessend kommen wir auch auf die extremen Dinkelfreunde zu reden. Wir wollen ihnen aber gleich hier ins Stammbuch schreiben: Über allem soll die Vernunft stehen, eine bei Hildegard ausserordentlich hochgeschätzte, ja sogar die menschlichste aller Eigenschaften. Nach Hildegard wird der Mensch definiert als „animal rationale".

Von den zahmen Tieren sollte der Mensch das vernünftige sein! Das ist ja der Schlager der Vegetarier, dass sie ihre Lehre auf die Urtage der Menschheit im Paradies zurückführen, wo Gott dem Menschen alle Früchte als Nahrung anbefahl und von der tierischen Nahrung nichts sagte. Es wird behauptet, dass diese erst eine Folge des Sündenfalles wäre und dass, um die Menschheit ins Paradies zurückzuführen, es fast genügte, wenn sie alle Vegetarier würden. So einfach liegen die Dinge allerdings nicht. Abel war bekanntlich Tierzüchter. Soviel dürfte richtig sein, dass der anerkannt sanfte Charakter des indischen Volkes auf die weitgehend vegetarische Ernährung zurückzuführen sein könnte.

Doch ist auch unter den Pflanzen unserer heute gebräuchlichen Nahrungsmittel so manches Kräutlein, dass alles eher als heilsam für Leib und Seele angesehen werden kann. (z.B. der Lauch). Hier kommt die Subtilitätslehre nach Hildegard zum Tragen, die ich allen Alternativen nur wärmstens ans Herz legen kann. (Siehe das Buch: „Die Küchengeheimnisse der Hl. Hildegard"). Das hat die ärztliche Erfahrung bestätigt, wenn wir auch noch weit davon entfernt sind, wissenschaftliche Beweise zu haben. Es sei denn, dass man einem praktischen Arzt ein gewisses Mass von wissenschaftlichem Denken zutraut.

Wo sich Rohkost als Heilkost eignet und wo nicht, kann nur fallweise näher bestimmt werden nach Ansehen der Person und ihrer Gesundheit. Es hat keinen Sinn, ausländischer Rohkost schon deswegen den Vorzug zu geben, weil sie neu ist und vielleicht aus sonnigeren Gegenden stammt. Bei vielen hochgepriesenen Nahrungsmitteln aus der neuen Welt, wozu ich auch den Reis und den Mais rechne, können wir vom Standpunkt Hildegards deswegen nichts Endgültiges wissen, weil uns ihre diesbezüglichen Erleuchtungen fehlen und die experimentellen Ergebnisse höchst zweifelhaften Wert besitzen. Ein nicht unbekannter Wissenschafter hat gesagt: „Man kann alles beweisen, was man beweisen will." So ähnlich steht es auch bei Hildegard von Bingen. Also Vorsicht mit der Wissenschaftsgläubigkeit, wenn sie nicht vom Geist der Wissenschaft und der Frömmigkeit getragen ist!

In diesem Sinne halte ich es für eine Irrlehre, wenn aus irgendwelchen theoretischen Überlegungen heraus von Fanatikern als erstes Essen der Salat, Rohkost oder andere nicht gewärmte Nahrungsmittel angepriesen werden. Das ist der Weisheit letzter Schluss nicht und wird über kurz oder lang dorthin gehen, wo viele mit grossem Elan begonnene Neuerungen geendet haben.

Im Zusammenhang mit der Dinkelernährung wird bei Hildegard Wert darauf gelegt, dass das erste Essen beim Menschen ein Getreidegericht sein soll, und zwar ein *warmes*. Warum an erster Stelle? Wir bringen hier die Begründung nach Hildegard: Weil der Magen sozusagen erst langsam in Schwung gesetzt werden soll und die volle Verdauungstätigkeit erst nach einer gewissen Zeit erreicht wird, hingegen durch eine schockhaft kalte Initialspeise gestört würde. Das ist wie bei einem Ofen beim Anheizen: man muss ihn erst warm werden lassen bevor man grobe Klötze auflegt. Ob das nur für den Tagesbeginn mit dem Frühstück gilt oder auch beim Hauptessen etliche Stunden nachher, wissen wir nicht. Schaden wird es sicher nicht und wäre sozusagen eine Bestätigung dafür, die Hauptmahlzeit mit einer Suppe zu beginnen.

Dinkel ist ein rechter „Naturbursche". Ob das genügt, die vielen Ernährungstheorien auf einen gemeinsamen natürlichen Nenner zu bringen? Denn wer einmal eingeschworen ist auf sein System und mit Mühe und Not sich durchgerungen hat zu einer alternativen Lebensweise, wehrt sich, wieder etwas Neues aufzugreifen. (In Schweden und Norwegen sollte das nach unseren Erfahrungen kein Problem sein). Grundsätzlich Neues ist es ja auch nicht und widerspricht auch nicht den anderen naturnahen Ernährungstheorien.

Es gehört zu seinen Vorzügen, dass der Dinkel „wie immer gegessen" sein Potential nie vermindert. Viele sogenannte Basis-Nahrungsmittel liefern vielleicht noch mehr Vitalstoffe, Mineralien und Spurenelemente als der Dinkel, aber sie beanspruchen bis zur Assimilation und Aufnahme (Integration) in den menschlichen Körper eine Verschiebung im Säftegleichgewicht, das erst auf andere Weise wieder hergestellt werden muss und während dieser Zeit für die Krankheitsabwehr nicht voll zur Verfügung steht. Der Hafer hat mit dem Dinkel gemeinsam die frohmachenden Eigenschaften (beim Dinkel nimmt man an, dass dies auf den erhöhten Alaningehalt zurückzuführen ist), setzt aber (zur Verdauung) eine Mindestgesundheit voraus zum Unterschied vom Dinkel. Wenn diese Zeilen den Einen oder Anderen zum Nachdenken anregen, wollen wir zufrieden sein.

# Ein Wort an die Kartoffel-Liebhaber

Die Begeisterung für das Kartoffelessen kann nur mit den vom Preussenkönig Friedrich II. in Europa eingeführten Essensgewohnheiten erklärt werden. Dass man einen Kartoffelsalat, Bratkartoffeln, Kartoffelpuffer, ja sogar geschwellte Kartoffeln lieben kann, weiss ich aus meiner Jugendzeit und wenn nicht eine schwere Krankheit dem im Wege steht, kann man (trotz Hildegard) sich ab und zu dieses Vergnügen leisten. Nur als Volksnahrungsmittel lassen wir die Kartoffel nicht gelten. Das hängt nicht damit zusammen, dass sie unter der Erde wächst. Denn z.B. Rüben und Möhren können im allgemeinen als durchaus heilsam angesehen werden, ebenso auch mit gewissen Einschränkungen die Rettiche. (Siehe „Küchengeheimnisse").

Es gibt viele Gründe, die Kartoffel als schädlich zu erklären. Dabei wollen wir ganz davon absehen, dass Krebskranke, speziell Leukämie, unbedingt nachtschattenfrei ernährt werden müssen, wie die ärztliche Erfahrung lehrt, wobei nicht nur an den krebsbegünstigenden Faktor im Nikotin zu denken ist.

1. Reine Kartoffelkost führt sehr rasch zu Wassersucht und Hunger-Ödem. Nur durch reichlichen Fettzusatz oder stark gemischte Kost treten die Schädlichkeiten nicht so augenfällig auf.
2. Eine Pflanze, deren Früchte hoch giftig sind, enthält diesen Giftstoff in allen ihren Teilen. Die Kartoffel gehört der Gruppe unserer stärksten Giftpflanzen an, den Nachtschatten-Gewächsen. (Tollkirsche, Bilsenkraut,

Einbeere). Also irgend etwas Giftiges ist sicher allen Nachtschattengewächsen eigen, wie ein Selbstversuch (Kartoffelträume) beweisen kann.

3. Die Kulturgeschichte spricht keineswegs den Kartoffeln das Wort. Nicht in ihrer Urheimat und nicht nach ihrer Einführung in Europa. Das wichtigste Motiv war, eine krisenfeste Nahrung in Kriegszeiten zu haben. (Im Übrigen haben die Indianer als Rache für die grenzenlose Ausbeutung den Europäern die „giftige" Kartoffel mitgegeben, während sie die guten Arten für sich selbst behielten...)

4. Die Kartoffel-Psyche: Alle Nachtschattengewächse sind psychotrop, wirken auf die Psyche ein. Auch wenn wir nicht grundsätzlich die Nahrungsmittel in solche einteilen, die gut sind weil sie über der Erde in der Sonne, oder schlecht, weil sie unter der Erde wachsen, so wollen wir auch nicht unbedingt das Gegenteil behaupten.

5. Würde man eine Analyse der Kartoffelstoffe einem Nahrungsforscher vorlegen, ohne dass dieser weiss, um was es sich handelt, würde er sicher sagen: Eines der ungeeignetsten Nahrungsmittel. Weder Stärke noch Kali-Gehalt allein genügen, um ein Dauernahrungsmittel zu konstituieren.

6. Bestimmte Heileffekte sind auch bei Giftpflanzen möglich, von einem *Nahrungsmittel* verlangt man aber mehr. Nahrungsmittel sollen Heilmittel sein. Wie der *Dinkel*.

# Die total „Verdinkelten"

Nachdem wir den Dinkel über den grünen Klee gelobt haben, kann sehr gut das eintreten, was man auch sonst manchmal beobachtet: Dass Leute in den Dinkel geradezu vernarrt werden. Wie vor allem Fanatismus warnen wir auch davor! Man kann auf verschiedene Arten gesund bleiben und alt werden, selbstverständlich auch ohne Dinkel. Wenn man sich die rechten Eltern ausgesucht hat z.B. Das Allerdümmste ist, jemandem Dinkel aufzwingen zu wollen oder aus der Dinkelkultur eine Dinkelreligion zu machen. Die Speise ist für den Magen da und der Magen für die Speise. Nicht mehr und nicht weniger. Ich kenne jedenfalls noch keinen Orden, welcher auf Dinkelbasis Askese betreibt. Ich kenne nur die Kultur des alten Dinkellandes, und da war dieses Volksgetreide so selbstverständlich, dass man gar nicht davon gesprochen hat.

Man hat ja früher überhaupt nur zweimal am Tag gegessen, einmal am Vormittag und einmal am Nachmittag. Das Vormittagessen war eben das Habermus. Eine Umstellung auf Weizen-Habermus hat nie stattgefunden, und so wollen wir es auch halten. Dinkel verpflichtet keinesfalls dazu, andere Nahrung abzulehnen. Ein gesunder, normal denkender Mensch wird zwar (wo es geht) möglichst viel Weizen durch Dinkel ersetzen, um nicht krank zu werden. Der Dinkel allein verhindert jedoch keineswegs die Krankheiten. Selbst wenn man echten biologischen Dinkel hat, ist damit noch keine Garantie gegeben, dass man vom Krankwerden verschont bleibt. Es empfiehlt sich zwar, eine gewisse Reserve an geröstetem Dinkel für Notzeiten anzulegen. Dies kann man um so eher, als der Dinkel das Rösten gut verträgt. Dinkelgriess und Dinkelmehl eignen sich dafür nicht so sehr. Beim Brot liegen die Dinge anders. Ein Vollkornbrot aus feingemahlenem Weizen ist vom Gesundheitsstandpunkt dem besten Dinkelbrot fast gleichzusetzen. Der Dinkel ist also kein Glaubensbekenntnis, nur ein Symbol für die Möglichkeit einer naturgemässen, einfachen, krisenfesten Lebensweise.

*Röstdinkel:* Man kann schnell oder langsam rösten. Am Besten nach dem Brotbacken im warmen Ofen. Gerösteter Dinkel hat keine Backfähigkeit mehr, eignet sich jedoch als Bröselmehl. Knäckebrot und Zwieback sind bei entsprechender Lagerung fast unbegrenzt haltbar. Auch ganze Dinkelkörner haben eine bedeutend längere Haltbarkeit ebenso wie auch Dinkel-Dauerbackwaren.

Selbstverständlich soll man nicht bei jedem Salat Dinkelkörner beimischen. Ein Unfug, der zum Teil auch in Hildegardhäusern geübt wird. Wenn ich so etwas sehe, dann begrüsse ich die Dinkelschüssel auf dem Tisch immer mit „Gack-Gack". Im Grunde ist es ja doch Hühnerfutter. Es besteht, abgesehen vom Kautraining, bei Diabetes, MS (Multiple Sklerose) und Neurodermitis, kein Grund, rohe oder halbrohe Dinkelkörner zu essen. Auch ich hatte einmal die Vermutung, dass es die Verdauung grundsätzlich fördert. Das ist aber nicht immer der Fall. Es kann auch genau umgekehrt sein. Die Versuche, seine Dinkelliebhaberei zu rechtfertigen, haben nur dann einen Sinn, wenn sie humorvoll vorgetragen werden bzw. man sich selbst dabei lächerlich macht, bewusst zur Erheiterung der anderen Mitbürger. Todernst entspricht dem Dinkel nicht. Wer mehr noch in den Geist des Dinkels eindringen will (Dinkelträume), der greife zu Hildegard. Die Empfehlung stammt aus

Hildegard. Und wenn der Dinkel ausgereizt ist, führt er wieder zu Hildegard zurück.

**Dinkelfanatismus allerdings führt von Hildegard weg!**

Eine grosse Schwierigkeit hindert die Einführung des Dinkels: Das weitverbreitete Halbwissen von heute überholten Diät-Richtungen. Als Beispiel bringe ich den Brief an eine Hausfrau: (ca.1947/48)

# Brief an eine Hausfrau

*Liebe Frau Else*

Getreidekost macht Übersäuerung – so sagen die einen. Täglich viel Weizenschrot soll das Gesündeste sein, sagen die anderen. Und wieder andere sagen: Aber nur, wenn er frisch geschrotet ist. Was soll man davon schliesslich denken? Kennst Du den „Bruder Esel"? Nach dem heiligen Franziskus ist das dein Leib. Er ist doch schlauer, als Du selbst, und trotzdem bist Du nicht bei ihm in die Lehre gegangen sondern bei vielen Professoren. O hättest Du bei allen Professoren die es auf der Welt gibt nur das Kapitel Ernährung gelernt und studiert! Warum? Dann könntest Du die Meinung des einen Professors mit der Meinung des anderen Professors aufheben. Professor sein heisst Fachmann sein auf einem besonderen Gebiet der Wissenschaft. Wobei dessen Meinung das Volk mit hingebender Bewunderung teilt. In Wirklichkeit werden die Professoren nur von Professoren verstanden. Das Volk tut besser, sich keiner Lehrmeinung anzuschliessen, sondern selbst seine fünf Sinne zu gebrauchen, sich möglichst nicht auf die Streitfragen einzulassen und noch besser, jeder auf die Stimme seines Esels, seinen Leib, zu hören. Wie sehr man als Wissenschaftler irren kann, werden Dich die folgenden Zeilen lehren.

Beispiel: „Getreidekost". Was ist allein das schon für ein irreführender Name. Wie sehr unterscheidet sich doch ein Getreide vom andern! Wie verschieden sind Gerste, Weizen, Roggen, Hafer, Reis und das Spelzkorn. Und wie verschieden wirken sie in den Zubereitungen. Wie verschieden sind ihre Mahlprodukte von der Frucht bis zum Back-rohr. Pumpernickel, Knäckebrot, Salzstangen, Griessbrei, Haferflocken oder Gersten-Graupen, sind das nicht alles Getreide?

Und wie verschieden wirkt die Nahrung auf den einzelnen Menschen, auf den Magen, auf die Galle, auf die Nieren. Wieviel macht die Gewöhnung aus! Wieviel die Menge der Zukost an Fett und Zucker! Wieviel die Art der Getränke, die Landessitten, das Klima, die Lebensweise oder gar ein Ernährungswechsel. Wer kann da ein Sammelurteil über Getreidekost schlechthin fällen nur so vom Hörensagen?

Übersäuerung! O, woher hast Du das? Meinst Du, dass die Magensäure davon zunimmt? Woher wissen wir das? Vom sauren Aufstossen? Woher wissen wir von der Übersäuerungsgefahr? Alles Theorien, Modesachen! Wie-viele Irrtümer! Wieviele und gerade Schwerkranke würden dem Herrgott auf den Knien danken, wenn er ihnen die Säure im Magen wieder zurückgeben würde.

Weitaus die grösste Zahl der Bleichgesichter zählen zu die-ser Gruppe. Oder meinst Du die Blutübersäuerung? PH 7,3 nicht wahr? Was darüber ist, ist vom Bösen. Ja kennst Du dich denn aus, was es für eine Bewandtnis hat mit der Blutsäure? Ich meine, wissen wir es? Ich weiss es nicht und scheue trotz Rigorosum nicht, zu bekennen, dass ihre Rolle im Gesamt-leben des Menschen eigentlich noch unbekannt ist. Ganz abgesehen davon, dass sie Tag und Nacht und jahreszeitlich schwankt, dass sie sich in den verschiedenen Teilen des Leibes ändert und dass es sich letztlich sicher nur um Begleiterscheinungen handelt, die wir nicht kennen. Das alles ist nur *Teilwissen*. Ich lasse den Götzen *Azidose* (Übersäuer-ung) ebenso wenig gelten wie den Götzen *Alkalireserve*.

Oder ist die Harnsäure gemeint? Harnsäure hin, Harn-säure her. Ich bin Therapeut. Denn trotz allen Wissens um die Harnsäure sind die Erkenntnisse über die Heilung und die Ursachen heute fast so gering wie früher. Einzelheiten ja. Aber die Gesamtzusammenhänge nicht. Das sieht man daran, dass derartige Kranke keineswegs weniger geworden sind sondern im Gegenteil, ihre Zahl hat noch zugenommen.

Es gibt ein Menschenmass, für welches noch keine mathematische Skala entwickelt wurde. Es gibt natürlich auch ein Messen durch Instrumente. Jedes Instrument liefert dem Menschen ein anderes Mass in die Hand zur Beurteilung, ein Pseudomass. Jedes Instrument ist nur einem der menschlichen Probleme angepasst und vernachlässigt die anderen. Wir werden niemals zu einer rechten Beurteilung des Menschen kommen, wenn wir uns auf Instrumente verlassen. Dies gilt namentlich in der Medizin, wie jeder erfahrene Praktiker weiss.

Völlig verfehlt scheint mir, aufgrund instrumentell gewonnener Messwerte nach dem Schlüssel für den Wert einer Nahrung zu suchen. Erst hat man den Weizen anstelle des Dinkels genommen, weil man keinen Dinkel mehr kannte. Heute erklärt man umgekehrt den *Dinkel* für Weizen. Lasst jedem eigenen Samen seinen eigenen Namen. Namensverwechslungen rächen sich.

Die Weisheit Gottes lässt sich von Menschenhirnen nicht klassifizieren. Aber wer hat heute noch Weisheit? Wo sind die gotterleuchteten Menschen, die uns Auskunft geben können? Man sollte wenigstens wissen, auf *Wen* man vertraut und auf wen man bauen kann. Auch hier gibt es keine allgemeingültigen Regeln. Menschenmass ist Herzensmass. Das ist meine klare Meinung. Vom wahren Wert des Spelzkorn hat ein Mensch noch nie alles gewusst. Nur die Gnade Gottes hat einem seiner Lieblingskinder (Hildegard) etwas davon geoffenbart. Darauf baue ich und werde nicht zuschanden werden in Ewigkeit.

# C. Der Dinkelschlüssel

*Vom wahren Wert des Dinkels, wie er im folgenden von Hildegard mit seinen siebzehn Vorzügen beschrieben wird:*

> *„Dinkel ist das beste Getreide.*
> *Fettig und kraftvoll*
> *und leichter verträglich*
> *als alle anderen Körner.*
> *Es verschafft dem, der es isst*
> *ein rechtes Fleisch und bereitet ihm gutes Blut.*
> *Die Seele des Menschen macht es froh*
> *und voll Heiterkeit.*
> *Und wie immer zubereitet man ihn isst,*
> *sei es als Brot, sei es als andere Speise,*
> *ist er gut und lieblich und süss."*

Hildegard von Bingen

Wenn man Hildegards Physica-Buch liest, dann fällt das Dinkel-Lob so hoch aus, dass man wirklich nicht mehr anders kann, als einzusteigen. Was hat dieses unscheinbare Pflänzchen für uns zu bedeuten?

## 1. Dinkel ist „Optimal"

Hildegard benützt das lateinische Wort *„Spelt"*. Theoretisch könnte ausser Dinkel auch noch Einkorn und Emmer gemeint sein. (Die Unterschiede liegen im Chromosomensatz, einfach, zweifach und dreifach, wie schon erwähnt.) Der Dinkel hatte immer nur ein kleines Anbaugebiet, während der Emmer über ganz Europa verbreitet war. Wenn Speltkorn (Dinkel) als optimal bezeichnet wird, dann liegt das in seiner Subtilität, seiner chromosomalen Arteigenheit, die lange Zeit Kreuzungsversuche mit Weizen verhinderte. Derartige Experimente sind jetzt gelungen. Wir möchten aber sehr davor warnen und können nur den reinen, unverfälschten Spelt als biologisch einwandfrei empfehlen. Optimal heisst auch optimal für den Menschen.

Als optimal möchten wir auch bezeichnen die Düngerfeindlichkeit des Dinkels. Denn es kann kein Zweifel sein, dass Mist auch wieder Mist erzeugt. Optimal heisst auch, für den kleinen Bauern ist Dinkel ideal. Optimal ist natürlich auch sein Geschmack.

## 2. Das Spelzkorn ist die beste und vollkommenste Getreideart

Jede andere Getreideart unterliegt nach Hildegard Einschränkungen. Weizen ist nur Backgetreide. Weizengriess ist biologisch minderwertig. Weizenmehl sollte nach Hildegard nur als Vollkornmehl-Weizenbrot eingesetzt werden, um den vollen Gesundheitswert auszuschöpfen. Jeder Mensch hat einen gewissen Grundstock an Gesundheits-Stabilitätsfaktoren, welche durch die meisten Weizenprodukte vermindert, durch Dinkel aber erhöht werden. (Gesundheitsreserve).

Roggen ist nur für Schwerarbeiter eine Gesundheitskost. Hafer setzt einen wohlfunktionierenden Magen voraus, weshalb Haferschleimdiät mit einer Dinkelschleimsuppe auch nicht annähernd konkurrieren kann. Gerste gilt nach Hildegard als nicht vollwertig. Vom Weizen ist durch die ärztliche Erfahrung bekannt, dass Allergiker jeglichen Weizen meiden müssen, so dass als Heilnahrung nur Dinkel infrage kommt. Dabei muss auch noch das Weizenvollkornbrot wegfallen, um einen rascheren Heilungsprozess zu ermöglichen.

## 3. Dinkel gilt bei Hildegard als „warme" Frucht

Das bedeutet, dass Speltnahrung die Sauerstoffumsetzung

im Körper erleichtert. In diesem Sinne auch eine ideale Alterskost, weil die alten Menschen leichter frieren.

Wichtig für die Blutbildung, weil die Blutkörper als die Sauerstoffüberträger eng mit der Wärmebildung zusammenhängen. Es geht nicht nur um die reine Kalorienzahl, sondern auch um die biologische Sauerstoffumsetzung in den Geweben und in den Zellen. Da die Haut mit der Wärmeregulation in engem Zusammenhang steht, kann die Dinkelwärme als ausgesprochen hautfreundlich angesehen werden. Aber auch der wachsende Mensch, das Kind, ist äusserst empfindlich und wärmebedürftig. Es gibt kein idealeres Kindernährmittel als den Dinkel-Dunst. (Feiner als Griess, gröber als Mehl). Ich habe damit fast ohne Milch eine Zwillingsfrühgeburt, 900 und 1100 Gramm, erfolgreich heranwachsen sehen. Die Mütter dinkelgenährter Kinder sind nicht nur auf deren Gedeihen stolz, sondern freuen sich auch an dem friedlich-freundlichen Charakter dieser Kinder. Warum sollte nicht auch in der Schwangerschaft für Mutter und Kind der Dinkel die ideale Grundnahrung sein? Auch die Entbindung nach Dinkelernährung der Mutter ist deutlich leichter.

## 4. Dinkelgetreide ist fettig und fettend

Der Körper kann sich die nötigen Depotfette und Zellfette selber bilden und dazu hilft der Dinkel. Das heisst nicht, dass die Menschen dabei übermässig Fett ansetzen, aber der Zellfettgehalt, den sie haben, ist im Gesamt-Organismus ideal integriert. Ein gewisses Mindestmass von Naturfett ist für die Gesundheit notwendig. Der Fettgehalt des Körpers wird durch den Dinkel bestens geregelt, ganz abgesehen von der Fettqualität, die bei der Krebsbildung eine Rolle spielt. Aus den Dinkel-Kohlehydraten holt sich der Körper soviel oder sowenig Fett als notwendig. Das gilt sogar für jede einzelne Zelle. Spezielle Zellen sind vom Fett-Lipoid-Gehalt abhängig, insbesondere die Nervenzellen.

## 5. Spelt ist virtuos

Der hochwertige Zauberkünstler + Dinkel macht hochleistungsfähig. Ob dies allein vom Eiweiss abhängt, (das artspezifische Dinkeleiweiss scheint dem menschlichen Eiweiss am nächsten verwandt zu sein von allen Getreide-Eiweissen) oder von seiner Wasserlöslichkeit, von seinem geringen Energieverbrauch bei der Assimilisation, interessiert hier weniger. Ich denke eher daran, dass er ideale Gehirnnahrung ist, da das Gehirn einen ausserordentlich hohen Bedarf an Kohlehydraten besitzt. Den Höchstleistungen steht der tägliche Verschleiss gegenüber. Daher kann eine tägliche Dinkelnahrung hier eine hochwertige Wiederauffrischung vorbereiten. Viele Beobachtungen und Erfahrungen scheinen dafür zu sprechen. Wahrscheinlich liegen die Dinge so, dass der Dinkel eine Art Bahnungs-Effekt ausübt und die übrige Nahrung auf dem Dinkelweg leichter eingeschleust werden kann. Zu dem Begriff ‚hochwertig' gehört auch eine Universalwirkung auf die menschlichen Gewebe, so dass keines zu kurz kommt. In diesem Sinne kann Dinkel zur Harmonisierung des Gesamtkörpers herangezogen werden. Die Sinnesorgane profitieren davon genauso wie die Muskulatur.

## 6. Spelt ist zarter und leichter verträglich als alle anderen Getreidekörner

Wir wissen von der grossen Wasserfreundlichkeit des Dinkels. Seine hervorragende Quellbarkeit hängt sicher mit der feinen Struktur des Mehlkernes zusammen, welche zum Unterschied vom Weizen von einem zarten Zelleiweissnetz durchzogen ist, während beim Weizen alles Eiweiss in den

Randschichten sich befindet. (Siehe Abbildung auf Seite 77). Man spricht bei diesem Eiweiss- und Stärkeverhältnis im Dinkelkern von einem maskierten Eiweiss, welches umgekehrt dafür sorgt, dass die hitzeempfindlichen B-Vitamine nicht so leicht beim Kochen zerstört werden.

## 7. Gegessen macht Spelt ein rechtes Fleisch

Unter Fleisch (caro) ist in erster Linie Muskelfleisch zu verstehen. Hier wird also geradezu eine Athleten-Nahrung empfohlen. Auch wenn dies noch nicht bis zu den Trainern jener Kreise durchgedrungen ist, so sind wir sehr davon überzeugt, dass ein entsprechender Versuch zum Vorteil des Dinkels ausfallen würde. Zum rechten Fleisch gehören aber auch die Gewebe ganz allgemein, deren Elastizität und Kontraktilität für die Gesundheit eine wichtige Rolle spielen. Auch die sogenannte Abwehrbereitschaft ist im Wesentlichen an die „kernigen" Gewebe gebunden. Die Stützsubstanzen aller Gewebe sind für den Stoffwechsel entscheidend. Auch Entzündungen, die sich ja weitgehend in diesen Zwischengeweben anbahnen, (Seröse Entzündungen, Prof. Eppinger) werden dadurch nicht so leicht zustande kommen.

## 8. Spelt führt zu einem rechten Blut

Unser Blut erneuert sich fortlaufend. Die Lebensdauer der roten Blutkörper beträgt etwa 6 Wochen. Es ist ganz entscheidend, wie der Körper aus dem alten, abgebauten Blut wieder ein neues aufbaut (Milz, Knochenmark).

Wenn der Dinkel in diese Vorgänge einzugreifen imstande ist, kann dies bei der Bedeutung des menschlichen Blutes ein grosses Plus ausmachen. Sicher werden auch von diesem Zellerneuerungsfaktor des Dinkels die für die Abwehrvorgänge so wichtigen weissen Blutkörper erfasst.

Erfahrungen bei der Leukämie sprechen dafür. Dabei ist eine regelmässige Dinkelkost bei Ausschluss aller Weizenkost die Voraussetzung. Da die Umsetzung des Blutfarbstoffes über die Rückresorption der Galle im Magen-Darmtrakt erfolgt, lässt sich erwarten, dass der so darmfreundliche Dinkel auch in dieses Geschehen eingreift. Eine Entlastung des Gallestoffwechsels bei Dinkel-Ernährung lässt viele Aspekte offen. Das geht so weit, dass auch die Gefährdung der Menschen bei Gelbsucht unter dem Einfluss der Dinkelnahrung weniger zu erwarten ist.

## 9. Spelt macht einen frohen Sinn, ein fröhliches Gemüt

Wenn man weiss, wie sehr das Wohlbefinden eines Menschen von der guten Verdauung abhängt und man die Leichtverdaulichkeit des Speltkornes in Rechnung zieht, kann man das nur als selbstverständlich ansehen. Der Charakter des alten Dinkelvolkes (Schwaben), mit seinem bekannten Humor, seiner aufgeschlossenen Empfänglichkeit für Alles, kann als Gross-Experiment der Volksnahrung Dinkel gelten. Man spricht von einem Gedankenfluss, wenn die Empfindung und die Sinnesorgane reaktionsfreudig funktionieren. Dazu gehört ein wohl eingespieltes zentrales Nervensystem. Alle diese Dinge kann man als Kerngesundheit bezeichnen. Nicht zuletzt gehört eine gewisse Kontaktfreudigkeit zu diesem Menschentypus.

## 10. Speltkorn macht „gaudium in mente"

Das ist noch mehr als ein frohes Gemüt. Die echte Freude gilt bei Hildegard als die höchste Tugend, (Nr. 35). Wir wollen nicht behaupten, dass die Dinkelesser tugendhaftere Menschen wären. Aber Tatsache ist, dass bei Hildegard ähnliches von keiner anderen Frucht so stark betont wird. Möglicherweise führt dies zu einer Erbeigenschaft, wodurch schon der Nachkommenschaft ein gewisser Vorzug angeboren wäre. All dies lässt sich gewiss nicht im Tierexperiment nachweisen und wir wüssten es nicht, wenn Hildegard es nicht ausdrücklich als gottgewiesen beschrieben hätte. Ist es nicht auch eine Freude, das beste Nahrungsmittel wiederentdeckt zu haben? Also auch von dieser Seite her könnte den Regierungen nichts mehr empfohlen werden als den Dinkelanbau nach Kräften zu fördern.

Man muss zudem daran denken, dass der gefährlichste angeborene Giftstoff im Menschen, die sogenannte Schwarzgalle, (Melanche, Gallenfarbstoff-Derivate, Grundmoleküle vieler Hormone), welche nach Hildegard bei allen schweren Krankheiten beteiligt ist, durch Speltkorn eine gewisse Neutralisation erfährt. Denn ganz wird man mit diesen negativen Anlagen nie fertig werden. Wenn uns der Dinkel dabei hilft, kann uns dies nur willkommen sein. Wie denn überhaupt *„Freude"* ein ungeheuer wirksames Heilmittel ist.

## 11. Wie immer zubereitet...

Diese Blanco-Vollmacht für die Art der Zubereitung findet sich sonst weder bei einem Getreide noch bei einer Heilpflanze. Dadurch haben wir die grösste Möglichkeit von Zubereitungen, ohne uns irgendwelche Gedanken machen zu müssen.

Man kann also auch Dinkelkörner rösten und Kaffe daraus machen. Überhaupt erlaubt der Röstprozess beim Dinkel ein grosses Spektrum von Geschmacksqualitäten, die noch nicht annähernd ausgenützt werden. So habe ich zum Beispiel bei geröstetem vorgequollenem Dinkel einen Geschmack wie „Kakao" herausholen können. Man könnte Dinkel selbstverständlich auch keimen lassen. Wir selbst lehnen das allerdings ab. Denn der Keimungsvorgang macht den Dinkel wieder unreif und warum soll man etwas Unreifes dem Reifen vorziehen? Dazu besteht auch noch die Erfahrung, dass die Dinkelkörner sehr ungleichmässig keimen. Dem einen Körnlein pressierts, die andern wollen gar nicht. Der Dinkel ist also eine Persönlichkeit. Die Geschmäcker sind zwar verschieden und man sollte doch die Vernunft walten lassen. Im übrigen „keimt" der Dinkel bereits nach dem ersten Ankochen von Ganzkörnern (in der viertelstündigen Ruhepause, vor dem Fertigkochen. Und sogar beim Kochen des Schrotes zu Habermus.)

## 12. Die Leute den Dinkel verzehren...

Aha, man kann sich also dabei Zeit lassen oder man kann ihn ruck-zuck hinunterschlucken. Dem Dinkel ist es gleich, der Gesundheit auch. Dieses Prinzip gilt für die Schwerkrankendiät, wo man Leuten, die gar nichts mehr essen können und alles erbrechen immer noch eine Dinkel-Ganzkornsuppe (siehe Terminalsuppe) vorsetzen kann, und sie überwinden auf wunderbare Weise dieses kritische Stadium.

Man kann den Dinkel natürlich auch als Knäckebrot verarbeiten. Auch ein Zuviel schadet nicht. Man kann sich praktisch am Dinkel nicht überessen und den Magen nicht überladen – ganz abgesehen davon, dass die erwünscht einfache Zubereitung hier schon automatisch Grenzen setzt. Dinkel ist ein einfaches Getreide und er liebt die Einfachheit.

Selbstverständlich kann man auch eine Kleiesuppe machen. Dinkelgriess mit Kleie zu gleichen Teilen liefert als Suppe die notwendigen Ballaststoffe, welche bekanntlich den Dickdarmkrebs verhindern und eine vorzügliche Verdauung herbeiführen. Nicht die ganzen Dinkelkörner machen dies, sondern speziell die Dinkelkleie. Ausserdem gilt sogenanntes Aleuronbrot – Luftbrot – als eine

Grundlage für die Diabetesbehandlung nach Hildegard. (Neben Edelkastanien und Dinkelganzkörnern.)

## 13. Ob im Brot oder sonstwie verarbeitet...

Der Backprozess mit seinen hohen Temperaturen ist auch bei der Dinkel-Grundsubstanz weniger gefährlich als bei anderen Backmehlen. Wahrscheinlich spielt dabei das maskierte Eiweiss des Dinkels eine Rolle, indem es die Vitamine vor totaler Vernichtung bewahrt. Ähnliches gilt sicher für die Teigwaren, welche nicht nur geschmacklich sondern mit ihrer Verträglichkeit vom Dinkel profitieren. Während man sonst bei Teigwaren sehr häufig unter Verstopfung leidet, braucht es bei den Dinkelteigwaren nur Vollkornmehl, um diese Folgen zu verhindern. Die individuellen Verträglichkeiten sind zwar verschieden, aber generell kann man von diesem Standpunkt ausgehen.

## 14. Somit ist Dinkel gut...

Eine Vorstellung, die sich in dieser knappen Formulierung bei Hildegard sonst nie findet. Man kann fast sagen, er ist das Gute in jeder Ernährung. Eine richtige Alltagskost. Man bekommt den Geschmack nicht überdrüssig, sondern gewinnt ihn von Tag zu Tag lieber. Wir sollen bedenken, welch grosser Wert in der Gewöhnung liegt, wenn es etwas Gutes ist, woran wir uns gewöhnt haben. Der Magen hat seine Freude an einer gewissen alltäglichen Gleichheit und Regelmässigkeit.

## 15. Dinkel ist fein

Man möchte sagen, er macht feinfühlig. Ein billigeres Essen, das zugleich das Prädikat „fein" besitzt, also eine feine Küche darstellt, wird man sonst selten finden. Der Dinkel prägt seine Leute. Er braucht keinen grossen

Aufwand. Das wird gerade von den Menschen geschätzt, welche diesem Charakterzug hohen Wert zusprechen.

## 16. Dinkel ist süss

Die Verwandtschaft von Dinkel-Kohlehydrat und Zucker ist hier betont. Der Zucker mit seiner grossen Löslichkeit wirkt am schnellsten als Energielieferant und die Vorliebe der Kinder für süsse Sachen ist auch darauf zurückzuführen.

Denn diese zappeligen Wesen verbrauchen unendlich viel Energie. Sie durch die Dinkelsüsse wieder aufzufüllen, wäre gewiss kein geringer Vorteil. Versuche, den Dinkel in diesem Sinne zu verzuckern (mälzen) und sozusagen einen Dinkelsirup herzustellen, wäre ein hohes Wunschziel aller Dinkelfreunde. Wir könnten uns denken, dass ein flüssiges, natursüsses Dinkelextrakt eine willkommene Diätnahrung werden könnte. Es fällt auf, dass Dinkelnahrung kaum Sodbrennen macht, zum Unterschied von Zuckerwaren.

## 17. Bei Hildegard steht am Schluss des Dinkelkapitels:

„Und sollte Jemand gar vom Kranksein so schwach werden, dass er aus Schwäche nicht einmal mehr essen oder beissen kann, dann nehme er bloss die ganzen Speltkerne und koche sie tüchtig in Wasser. Füge etwas Butter oder Eidotter und eine Prise Salz hinzu, wodurch es noch ein wenig schmackhafter wird und vom Kranken lieber gegessen wird. Das lasse den Schwerkranken essen. Es heilt ihn von Innen heraus wie eine bewährte Heilsalbe es macht."

Diese sogenannte *Terminalsuppe* hat sich im Endstadium schwerer Krankheiten bewährt (Krebs, Aids) und auch bei Anorexia (Magersucht) wurde dadurch der Appetit, die Esslust und Verdauung wieder in Gang gebracht. Wenige ganze Dinkelkörner mit der Brühe unzerkaut schlucken genügt anfangs.

Somit ist der Dinkel die **Heilpflanze Nummer eins.** Die Idealforderung, dass unsere Nahrungsmittel zugleich Heilmittel sein sollen, erfüllt der Dinkel auf vollkommene Weise.

# D. Dinkeldiät als Heilmittel

Arzt und Dinkel sind die besten Freunde. „Corpora non agunt nisi fluida" hiess ein Wahlspruch der alten "Naturforscher" und Ärzte und heisst zu deutsch: „Die (Fein-)Stoffe wirken nur in flüssiger Form (aufeinander)"!

Also: Tiefgreifende Wirkungen sind nur im flüssigen Zustand zu erwarten. Ohne Wasser kein Lebensvorgang! Dinkel ist sozusagen „trockenes Wasser". Verdauen heisst nichts anderes als wasserlöslich machen. Der Körper setzt dazu ein riesiges Arsenal von körpereigenen „Laboratorien" ein, welche mit vieler Mühe die Moleküle auseinandersprengen und auflösen bis zu kleinen und kleinsten resorbierbaren Teilen. Letztlich sprengt das Wasser diese molekularen Verbindungen. Dazu braucht es Fermente, Enzyme und Vitamine. Der Körper stellt die Vorbedingungen aus seinen „Säften" zur Verfügung. Die medizinische Wissenschaft ist auf dem besten Wege, zu dieser alten Humoral-Pathologie zurückzukehren, von welcher letzten Endes auch die Zellular-Pathologie abhängt. Das Leben jeder einzelnen Zelle ist an den Wassergehalt gebunden.

Wenn wir den Dinkel in unser Heilsystem einbauen, fallen viele Probleme und Problemchen weg, die dadurch entstehen, weil wir im Grunde nur das Eine wissen, dass wir von den tausend Regulationsrädchen, die ineinandergreifen, fast noch gar nichts verstehen.

Alle bisherigen Diätempfehlungen sind hinfällig, wenn sie den Dinkel nicht berücksichtigen, das *beste Getreidekorn*. Diätetisch steht dem Dinkel am nächsten der Hafer. Aber gerade für die Kranken eignet sich Hafer weniger, wie wir bei Hildegard lesen. Hafer setzt eine wohlfunktionierende Verdauung voraus. Das trifft bei den Kranken ja nie zu.

Seinerzeit hat in Reformkreisen die Zeitschrift: *Brechts Kochrezepte* (Hauszeitschrift einer Gewürzmittelfirma) weitgehend die Küche von alternativen Reformkreisen beeinflusst, ja geradezu beherrscht. Entsprechend der Tendenz der Gewürzverkäufer hat es sich dabei um eine sogenannte Schlemmerdiät gehandelt, eine Küche für Schlemmer. Aber genau das wollen wir im Sinne Hildegards vermeiden. Entsprechend ihrer Diätanweisung soll und muss das Essen zwar gut schmecken, soll den Menschen aber nicht zur Schlemmerei, sondern zur Einfachheit anleiten. Denn das Laster (-8) = Schlemmerei, Magenvergötzung, steht der Tugend (+8) = Abstinenz, Zurückhaltung, Verzicht auf Überflüssiges in der Küche gegenüber.

Durch die Einführung der Dinkelküche wollen wir in Zukunft vermeiden, dass man mit Recht sagen könnte: „Der Koch liefert dem Tod die meisten Opfer!" Das fängt mit dem Zuviel und Zugutessen an und das heisst bei Hildegard: „Schlemmerei".

Wenn aber Gutes im Menschen zerstört wird, dann ist, alles in allem genommen, der Verlust für den Menschen grösser als sein Gewinn für die Ganzheit, für das Heil des Menschen. Derartige Überlegungen müssen bei jeder guten Diät im Hintergrund mit berücksichtigt werden.

Hildegard verbessern geht nicht mehr. Das Diätsystem "Hildegard" mit seiner Subtilitätenlehre ist schlechthin das Vollkommenste, das wir derzeit kennen. (Siehe das Buch: „Küchengeheimnisse der heiligen Hildegard.")

# Dinkel ärztlich gesehen

Dinkel macht dem Arzt nur Freude. Kann doch mit geringen Mitteln Grosses für die Gesundheit erreicht werden. Wie alle wohlschmeckenden Speisen arbeitet er der Gemütsverstimmung (dem Melanchestoff) entgegen. Das ist sehr erfreulich. Der Mensch braucht in der Ernährung nicht nur Abwechslung, sondern noch mehr Regelmässigkeit, Alltäglichkeit, namentlich der Kranke. Dazu eignen sich natürlich nur die hundertprozentigen Nahrungsmittel wie der Dinkel und der Fenchel.

So bahnt sich eine tagesrythmische Grundfunktion aller Organe an, welche auch vom Wetter unabhängiger macht.

Es gibt keine Krankheit und keine Kranken, wo *Dinkel* nicht vorbehaltlos wärmstens empfohlen werden kann. An *Nichts* hat er zuwenig oder zuviel. Dinkel fliesst durchs Lymphsystem und regt dadurch die Abwehrkräfte an. Dinkel-Moleküle (Schwefel-Kohlenstoff-Stickstoff), die Urbausteine des Lebens, sind zuständig für das Wachstum, zellaktiv, zellnährend.

Das *Eiweiss* des Dinkels ist total verschieden von dem des Weizens. Das artspezifische Dinkeleiweiss scheint dem menschlichen Eiweiss in seiner Löslichkeit unter allen Getreide-Eiweissen das „verwandteste" zu sein. Selbst die Gliadin-Unverträglichkeit kann durch gezielte Dinkel-Ganzkörner-Kur beherrscht werden. Zöliakie kann der Arzt mit der Zeit langsam ausheilen durch eine einschleichende Ernährung mit Dinkel. Ein klarer Beweis dafür, dass der Dinkel kein Weizen ist.

Das grosse Heer sämtlicher Ernährungsstörungen lässt

sich mit Dinkel-Suppe (ev. als Dinkelmehl-Griess mischung) spielend leicht beherrschen in Form einer Wassersuppe mit etwas Salzzusatz. Dinkelmehlsuppe ein oder zwei Tage lang als ausschliessliche Nahrung zu sich nehmen, behebt fast jeden akuten *Durchfall*. Dazu als Getränk Fencheltee. (Milch und Zucker streng meiden.)

Noch häufiger findet sich heute das Gegenteil, die chronische *Verstopfung*. Sie ist nach Hildegard die Grundursache aller Magen-Darmstörungen. Abgesehen von den dagegen einzusetzenden Heilmitteln (Abführ-Kekse als Purgiermittel) kann man mit Dinkel ausgezeichnet regulierend eingreifen. Hierbei spielen die Rand- und Kleieschichten des Dinkels eine grosse Rolle, die Dinkelfaserstoffe. Je nach der Getreidesorte unterscheiden sich die Fasern. Eine Dinkel-Ganzkorn-Kur sowie Dinkel-Vollkornprodukte in der täglichen Kost beheben jede Verstopfung bereits nach drei Tagen. Diese sollten zur Darmgewöhnung einige Wochen hindurch beibehalten werden. Danach mag der Dinkel der tägliche Hauptbestandteil der Ernährung bleiben.

Als sehr wertvolle Hilfe erweist sich der tägliche Dinkel-Frühstückskaffee. Hierbei spielt die Darmgewöhnung eine ganz grosse Rolle. Die Verdauung ist eine Art Dressurakt. Der Dinkelkaffee wirkt als Initial-Reiz, wenn die Grundverdauung durch die nötigen Dinkelfaserstoffe hergestellt ist. Dies gilt auch bei der Form von Migräne, welche mit Darmstörungen verbunden ist. Durch eine mehr flüssige Dinkelnahrung kommt die Harnabsonderung rasch in gang, welches gerade bei dieser Form der Migräne zur schnelleren Abheilung beiträgt. Bei lästigem trockenem Husten empfiehlt sich eine geröstete Dinkelgriessuppe, welche mit etwas Dinkelmehl sämig gemacht wird, mit einem kleinen Zusatz von Rainfarnpulver.

Beim Einstieg in eine *Magen-Darm-behandlung* ist ein mehrtägiges *Dinkelfasten* à la Hildegard (Dinkel-Ganz-korn-Brühe) unumgänglich notwendig. Danach kann man Dinkel in jeder Zubereitungsform (mit Beifuss gekocht) geniessen. Zwiebel ist bei Magen-Darmschwäche verboten. Also Vorsicht.

Ein *Magengeschwür* kann mit einer einfachen Dinkeldiät ausgeheilt werden, wenn man eine sechs- besser achtwöchige Liegekur dabei macht, vorausgesetzt, dass man sich bewusst darüber freut, vom Alltagsstress befreit zu sein. („Milieuwechsel")

Was für den Kranken gut ist, gilt im erhöhten Mass für den Gesunden. Dinkel ist n ic h t  i n  e r s t e r  L i n i e  e i n  H e i l-m i t t e l,  s o n d e r n  e i n  V o l k s n a h r u n g s m i t t e l!
Verhüten ist leichter als heilen. Mit Dinkel wird weniger eine Krankheit bekämpft, als eine Gesundheit erhöht und gefördert.

Noch eins: Dinkel macht nicht dick. Daher auch keine Angst vor Dinkelsuppen. Sehr wichtig kann eine Abend-mahlzeit, oder sogar eine Standardabendmahlzeit aus Dinkel sein. Ich denke dabei sogar an einen Dinkelpudding (aus Dinkel-Dunstmehl?), denn der meist süsse Pudding kann viel bei der Regeneration des Gehirnes helfen, die hauptsächlich nachts stattfindet.

Wenn man leicht süsst, besteht auch nicht die Gefahr des Überdrusses. Ein regelmässiges Dinkel-Abendessen kann unter Umständen genau so nützlich sein wie das Dinkel-Frühstück! Als Nebeneffekt unterstützt es auch das Abschalten des Tagesrestes, so dass der Tagesrest, der in das Nacht- und Traumleben hineingenommen wird, sich verringert.

# Dinkeldiät für Schwerkranke und Akutkranke

Der hunderprozentige Einstieg für den Schwerkranken ist die *Dinkel-Ganz-Kornsuppe* (Terminalsuppe).

Das Wesen der Dinkelganzkornsuppe besteht darin, dass sie eigentlich ein Getränk ist, eine nicht sämige, reine Dinkel-Ganzkornbrühe. Sie wird nicht eingedickt, ist ohne Gemüse und Fleisch. Mit etwas Salz – das gehört dazu – und entweder Butter oder Eigelb, je nach Geschmack oder zur Abwechslung. Sie wird eingesetzt entweder im Endstadium von schweren, konsumierenden Krankheiten, (Krebs, Aids, TBC) wo der Körper, speziell der Magen/Darm, fast nichts mehr behält oder die Nahrung nicht verwerten kann. Auch bei Wassersucht gibt's das, wo der Verdauungsapparat darniederliegt, sei es durch Erbrechen, sei es dass die Nahrung unverbraucht abgeht, oder sei es, dass die Niere und die Entwässerung nicht stimmt. Dinkel ist wegen seiner guten Wassergängigkeit auch sehr gut nierengängig und wird in diesem Sinne benutzt zur Durchflutung des Organismus, zur Entfernung von Schlacken, Giften und zur Anregung der Nierenfunktion. Der Salzzusatz ist notwendig wegen der besseren Nierengängigkeit und auch wegen des Geschmackes. Was nicht gut schmeckt, ist eo ipso schon deswegen verboten, weil es die Schwarzgalle mehrt. (Die Rolle der Schwarzgalle siehe „Dinkelwissenschaft").

Die Dinkelganzkornsuppe hilft uns vorzüglich gegen *Magersucht*, bei Essensverweigerung, Selbstmordversuch durch Hungerstreik. Hier wird der Patient nicht gezwungen, sondern das geht dadurch, dass die Dinkelkrankensuppe den Flüssigkeitsbedarf deckt und auch gut schmeckt. Verdursten wollen die Leute nicht gern. Es ist auch physiologisch interessant, dass man viel schneller verdurstet als verhungert.

Wie wird diese Suppe gemacht?

Dinkel vorher waschen! Mindestens drei Stunden einweichen und dann ohne Salz ankochen, weil der Salzzusatz das Aufquellen etwas verhindert. Oder uneingeweichte Körner kurz aufkochen (ohne Salz) und 15 Minuten ziehen lassen. (Neben dem Herd).

Dann kocht man die Dinkelkörner kernweich, aber nicht so, dass sie „aufblättern". Das heisst, sie sollen gut kaubar sein, aber noch geschlossen.

Diese durchs Kochen noch nicht geöffneten Dinkelkörner haben drei Vorteile:

1. Sie geben nur allmählich ihre Inhaltsstoffe ab.
2. Sie passen sich der Verdauungstätigkeit des Darmes an.
3. Sie verstärken durch den Faserreiz etwas den Stuhlgang.

Man kocht zunächst eine Tasse voll vorgeweichte Dinkelkörner in etwa 1/2 bis 1 Liter Wasser. Bei aufgeplatzten Dinkelkörnern laugt der Körper nicht mehr aus, sondern verdaut mit grösserer Anstrengung. Diese Suppe ist auch für das Abfasten geeignet. Am Schluss des Kochens wird gesalzen. Das Salz soll noch kurz mitgekocht werden.

Wichtig ist, dass man am Anfang dem Patienten höchstens einen Esslöffel voll oder sogar noch weniger Körner bei der ersten Mahlzeit anbietet, wobei man ihn ausdrücklich darauf aufmerksam macht, er darf auch einige Körner ungekaut mitschlucken, sollte es sogar. Im Laufe der nächsten Tage steigert man allmählich diese Körnereinlage, je nach Belieben und Reaktion des Patienten. Wie oft soll man diese Suppe anbieten? Mindestens einmal, entweder mittags oder abends. In dem Masse, wie das Wohlbefinden und die Normalisierung des Darmes Fortschritte machen, kann man sogar auf dreimal täglich übergehen. Die nächste Stufe ist, die Suppe etwas andicken, sämig machen durch Zusatz von Mehl oder Dunstmehl. Nächster Schritt: Griess oder Vollkorngriess oder ein bisschen Kleie mitkochen. Welche Zukost ist erwünscht? In den ersten Tagen keine. Wenn der Patient mehr Körner wünscht, darf er selbstverständlich auch mehr Körner essen.

Als erste Zukost käme Fenchelgemüse infrage, eventuell nur als Brühe oder der weichgekochte Fenchel selbst, unter Umständen auch Fenchelsalat. Angekochten Fenchel kleinschneiden. Als Test, wie weit die Darmfunktion wieder hergestellt ist, fängt man an, Zwiebeln mitzukochen. Wenn das vertragen wird und keine Schwierigkeiten dabei auftauchen, wie Blähungen und Gallenbeschwerden oder Durchfall, kann man zweckmässigerweise weitere Zukost mitverwenden. Dann kommt Apfelmus dazu, Fenchel weichgekocht, (mit Apfelmus), Apfelkompott, Bratäpfel, wobei hier die Schale entfernt wird. (Halbierte Äpfel in der Bratpfanne etwas andünsten, mit Wasser auffüllen.) Kürbisgemüse oder Kürbiscremesuppe.

Bei diesem System stellt sich der Appetit fast automatisch ein. Auch durch den hohen Alanineffekt des Dinkels, der aus dem Korn aufgenommen wird, hebt sich die Stimmungslage. Fenchel gehört ebenfalls zu den frohmachenden Pflanzen.

Prinzipiell ist das bei den grössten Darmstörungen und nach Operationen die Standardkost. Diese Suppe könnte auch als Fastensuppe eingesetzt werden, da die Kalorienzufuhr dabei minimal ist. Statt Butter oder Eigelb gibt man Bertram-Gewürz dazu. Wenn die Situation es erlaubt, kann man statt reinem Wasser auch Bohnenbrühe, eventuell die Bohnen selber verwenden und Kichererbsen. Als Gewürz nur Muskat. Wenn das Herz gut ist, kann man auch Pfeffer zusetzen, welcher den Appetit noch erhöht. Hildegard-Hühnerbrühe, aus Huhn mit Rindfleisch gekocht, schmeckt gut und tut gut. Vorzüglich eignet sich Schafbrühe, welche noch schneller zur Kräftigung des Organismus führt. Oder Jungschwein als Fleisch zum Aufbau für Schwache.

Dies ist die Kost, wenn es mit dem Patienten fast am Letzten ist. Also die Terminalsuppe und anschliessend die oben beschriebene Aufbaukost. Genauso setzt man auch bei Hungerödem, bei Verhungernden und fast Verhungerten diese Diät ein.

# Dinkeldiät als Heilmittel bei chronischen Krankheiten

Als „Einstieg" in die Behandlung bei chronischen Krankheiten: Aderlass, Wermutkur (auch bei Ulceröser Colitis). Brennessel als Spinat oder Gemüsesuppe.
*Dinkel ist Standard-kost bei allen Haut – und Allergie-Krankheiten!*
Hier gilt radikaler Ersatz aller Weizenprodukte durch Dinkel. Weil der Weizen erfahrungsgemäss eine Reaktion auslöst, welche die Heilung von Hautkrankheiten hindert. Dinkel nicht zur Heilung, sondern als *Vorbedingung*. Zwischen Hautkrankheiten und allergischer Disposition bestehen enge Zusammenhänge!

**Typische Haut und Allergie-kur** (neben dem Dinkel):
1. Rote Beete mit Quendel gekocht. Davon abgesehen auch viel Quendel sonst in Gemüse und Fleischspeisen mitkochen. Gekochter Quendel ist das Hautgewürz nach Hildegard.
2. Flohsamen in Wein kochen und den Wein schluckweise warm trinken. 3 Esslöffel Flohsamen in 1/2 Liter Wein mindestens 5 Minuten kochen. Die in Wein gekochten Flohsamenkörner werden abgeseiht und in einem durchlässigen Säckchen über den Nabel gelegt. (Eine Stunde lang.)
3. Mohnsamen über das Essen streuen oder in Gebäck verarbeiten gegen Juckreiz. (Neurodermitis). Speziell bei chronischem Juckreiz reichlich Speisemohn verwenden. Fleischkost und Milch können den Juckreiz vermehren.
4. Zur Darmsanierung Bohnensuppe ohne Bohnen. (Rezept siehe S. 120)

5. Nötigenfalls Traumsanierung mit Jaspis oder Betonika-kraut.
6. Selbstverständlich Küchengifte meiden, insbesondere Lauch und Erdbeeren.
7. Medikamente weglassen! Bzw. mehr oder minder schnell absetzen, (abgesehen von Cortison, welches nur unter ärztlicher Aufsicht reduziert werden darf).

**Diabetes:**
Bei oben beschriebener Standardbehandlung sollte Diabetes ausgeschlossen worden sein. Sonst macht man zuerst eine *Dinkel-Behandlung* wie folgt:
1. Dinkel-Ganzkörner als Suppe oder Reis.
2. Aleuron-Brot aus Dinkelkleie mit Eigelb, Roggensauer-teig und Sauermilch. (Dinkelkleie-Knäckebrot muss noch entwickelt werden).
3. Edelkastanien in jeder Form reichlich verwenden.
4. Mandeln, Zimt, Mispeln, Kornelkirschen.
5. Rohe Hagebutten sind wichtige Vitamin-Lieferanten für Kranke.
6. Tannensalben-Massage. Täglich vorne und hinten unter dem Rippenbogen. (Linke Seite). Zuerst das Herz einrei-ben. Gut für die Bauchspeicheldrüse.
Keine Haferdiät! Haferkleie kann Darmkrebs fördern!

Die *Erbanlage* spielt bei Diabetes eine Rolle. Die Leute essen zu viel, das vererbt sich und verändert die Hormone. Die Bauchspeicheldrüse ist nur eine Drüse im Konzert der Hormone. Die *„Pille"* fördert den Kinder-Diabetes!

*Dinkel-Ganzkörner* (kann man gekocht unter das nor-male Essen mischen) passieren langsam den Magen, dadurch kommt man nicht in die Gefahr der Unter-zuckerung (Ohnmacht). Die geschlossenen Dinkelkörner geben sukzessive ihre Inhaltsstoffe – Kohlenhydrate – an den Darm ab, wodurch eindeutig die Tagesschwankungen zwischen Hyper- und Hypo-Glykämie ausgeglichen werden und fast verschwinden. Dadurch ergibt sich ein gleichmässiger Insulin-Spiegel. Mit Dinkel kann Diabetes so eingestellt werden, dass man Insulin und auch Tabletten (Euglukon) spart.

Im „Klinikarzt" 11/1982 hat man bereits von einer Resorptionsverzögerung von Kohlenhydraten gesprochen als Grundlage der Diabetes-Diät. Dabei ist weniger der chemische Aufbau als die „biologische Verpackung" der Kohlenhydrate ausschlaggebend. Es handelt sich um die Blutzuckerfläche (Planimetrierung von Blutzucker-Anstiegsflächen).

Von Bedeutung für die Aufschliessbarkeit von Kohlenhydraten im menschlichen Verdauungstrakt ist die küchentechnische Zubereitung. Es wurden deswegen Versuche unternommen, der Nahrung Wasser oder Quellstoffe zuzusetzen, dem steht aber das Geschmacksproblem als Hindernis im Wege. Eine andere Methode der Resorptionsverzögerung von Kohlenhydraten ist eine Kombination mit ausgesuchten Eiweissen und Fetten. Ein angeblicher Durchbruch in neuerer Zeit erfolgt mit sogenannten Alfa-Amylase-Inhibitoren. Als unerwünschte Nebenwirkung treten Flatulanz-Meteorismus auf. Soweit die moderne Wissenschaft ohne die geringste Kenntnis und Bezugnahme auf den Dinkel. Dieser löst im Handumdrehen solche Probleme auf natürliche, nebenwirkungsfreie und ungiftige Weise.

**Ein Wort zur krebsfeindlichen Diät:**
Neben Wissenschaftlern, welche so etwas für einen Unsinn halten, gibt es andere, auch ernstzunehmende Ernährungsforscher, welche von der Überzeugung ausgehen, dass der

(Krebs-)Tod im Darm sitzt. Was sollen wir vom Standpunkt der Hildegard-Therapie dazu sagen? Alle menschenfreundliche Kost ist auch krebsfeindlich. (Siehe die Subtilitäten-Lehre und das darauf aufgebaute Buch „Die Küchengeheimnisse der Heiligen Hildegard".)

Im „Wunder der Hildegard-Medizin" schreibt Dr. Hertzka: (S.207) „Wenn ich jemals Krebs bekäme, würde ich mich mit einem Sack voll Dinkel und etwas Salz auf eine Alm zurückziehen und da nur vom Dinkel und Wasser leben. Dann würde man ja sehen, wer der Stärkere ist, der Dinkel oder der Krebs. Ich bin überzeugt, dass der Dinkel siegt". (Ein ähnliches Experiment wurde bereits mit Erfolg durchgeführt.)

In verzweifelten Fällen bietet die ausschliessliche Ernährung mit Dinkel durch Monate eine gewisse Möglichkeit, dass ein Organismus auch im Spätstadium mit der Verkrebsung fertig wird. Mitgehen und Willensstärke des aufgeklärten Patienten vorausgesetzt.

Komplettierend siehe auch oben unter „Dinkel-Diät für Schwerkranke" die Terminalsuppe und die darauf aufbauende Diät. Ebenso die ,Dinkelkur'.

Zur Unterstützung der **Anämie-behandlung** kann man Dinkel heranziehen. In diesem Falle eignet sich am Besten Dinkel-Vollkorngriess in Kombination mit Hühnerleber. Bei Anämie wäre auch an eine vorsichtige Anwendung von Ingwer zu denken, welcher aber nur kurzzeitig eingesetzt werden darf. (Einige Tage bis eine Woche.) Zweckmässigerweise wird auch die Milz mitbehandelt als Schaltorgan für die Blut-Regeneration. (Dinkel-Kerbel-Knödel und geröstete heisse Edelkastanien).

Bei jeder Hildegard-Therapie muss man grundsätzlich daran denken, dass eine Mitverwendung von chemischpharmakologischen Produkten den Effekt blockieren oder aufheben kann.

Bei Kälte-Gefühl: Dachsfellanwendung und warme Cypressenbäder.

## Rheuma

Die grosse Gruppe der sogenannten Rheuma-Krankheiten werden bei Hildegard *Paralysis* genannt, weil dabei der Bewegungs-Apparat, – Skelett und Muskulatur – betroffen sind. Sie gehört zu dem typischen mesenchymalen Leiden welche oft entstehen durch Unterlassung von Ausleitungs-kuren. Wenn man rechtzeitig vorbeugt, kann man eine grosse Quelle für spätere Leiden zum Versiegen bringen: Aderlass, Schröpfen, Moxa und Sauna-Bäder; Fasten.

Rheuma und Krebs haben oft eine Entwicklungsstrecke gemeinsam. Die rheumagenen Herdstreuungen spielen auch bei der Entwicklung zur Geschwulstkrankheit eine Rolle nach Hildegard. Die Vorkrebskrankheit äussert sich unter anderem in anfallsweisen Rheuma-Attacken (Herd-streuungen) neben dem Hauptsymptom sogenannter ‚genu-iner’ Herzschmerzen. Das Unterlassen von rechtzeitigen Ausleitungsmassnahmen spielt eine Rolle in der Vorge-schichte.

Diät-Einhalten bei Rheuma ist unerlässlich. Selbstver-ständlich hat der Dinkel auch wieder eine wichtige Funktion als Weizen-Ersatz, obwohl die Wirkung des Weizens speziell beim Rheuma noch nicht geklärt ist. Unbedingt muss man alle Küchengifte weglassen und auch sonst alles meiden, was in den ‚Küchengeheimnissen’ als Rheuma-Ursache angeführt wird. Man beachte auch die Heilkost beim Rheuma (z.B. Dillsauce). Alle rheumati-schen Krankheiten gehören sogar zu den streng diätpflichti-gen Leiden, wie andere chronische Krankheiten auch.

**Depressionen**

Das grosse Heer der sogenannten Nervenkrankheiten beruht nach Hildegard, wie alle schweren oder schwer heilbaren Krankheiten, auf zwei Ursachen: Die eine ist das Gehirn (nach Hildegard sind alle Gehirnkrankheiten nur Variationen einer einzigen Krankheit) und die zweite ist die Säfteverschiebung im Sinne der Dominanz der sogenannten Schwarzgalle (Gallenfarbstoff-Derivate). Jede Hildegard-Therapie hat als Nebeneffekt eine Eindämmung der Melanche („Schwarzgalle"), welche durch Dinkelernährung kontrolliert und eingeschränkt wird, aber durch viele nicht diätetisch beeinflussbare Faktoren immer wieder vermehrt werden kann. Wir berühren dabei die Gebiete der sogenannten Psychosomatik.

*Dinkel* gegen *Melancholie* und *Depressive Psychosen.*

Nach Erfahrung aus der Praxis sowie aus Selbstversuchen samt vorliegenden Beobachtungen aus der Kulturgeschichte über die seelische Widerstandskraft der dinkelgenährten Bevölkerung Schwabens lässt das häufige Auftreten von Melancholie bei Leuten, welche aus der gewohnten Dinkelkost-Umgebung in ein Weizengebiet versetzt wurden, auf einen stimulierenden, ‚befreienden' Effekt der Dinkelkost schliessen. Theoretisch ist bei depressiven Psychosen Dinkelkost dringend anzuraten und lässt sich nicht nur bei klassisch-depressiven Formen ausgezeichnet begründen.

1. Der Kohlehydratstrom des Dinkels schont alle anderen Verdauungsdrüsen, insbesondere Galle und die Magen-Darmsäfte. Das Nahrungsverweigern dieser Kranken könnte ein untauglicher Selbstheilungsversuch des Körpers sein, diese Drüsen zu schonen. Demgegenüber schont und nährt die Dinkelkost gleichzeitig. Eine sehr schöne Ergänzung dazu ist die Beobachtung, dass bei

Schwerkranken, die sonst nichts mehr verdauen und vertragen können (AIDS), die Verdauung wieder aufgenommen wird, wenn man ganzen Dinkel in Wasser gekocht in kleinen Mengen zuführt. (Siehe Rezept unter Terminalsuppe). Depressive verweigern oft die Nahrung.

2. Der Dinkelstrom ist ein Vitaminstrom, der auch das hormonale Gleichgewicht wieder herstellt durch Wiederaufbau von Hormondrüsenzellen und deren Zellkernen. Vitamin B ist das älteste und klassischste Vitamin und bei vorwiegend Kohlehydrat-Ernährung das einzig Notwendige. Es wird zugleich mit dem Dinkel reichlich zugeführt.

3. Dinkel ist Nervennahrung und Nervenaufbau.

4. Die Einförmigkeit der depressiven Psychose wird durch die ,einförmige' tägliche Dinkelnahrung fast homotherapeutisch kuriert. Indem man dem Wunsch des Patienten nach einer Armsünderkost entgegenkommt, führt man ihm in Wirklichkeit eine königliche Kost zu.

Wichtig bei Depressionen ist das frohmachende *Fenchelgemüse*, auch zur Bekämpfung der Verstopfungsneigung. Eine ausgezeichnete Mischung, die in ähnlichem Sinne wirkt, besteht aus weichgekochtem Fenchel und Apfelmus. Wie auf jeden Hildegard-Diät-Tisch gehören besonders hier die Flohsamen als antimelancholisches Mittel. Jeder nimmt sich davon soviel er mag und mischt sie unter das andere Essen. (Flohsamen erfordern reichlich Flüssigkeitszufuhr.)

**Colitis ulcerosa und Morbus Crohn**

sind eminent nervenabhängig. Infolgedessen wird man von den psychotropen Möglichkeiten der Hildegard-Therapie Gebrauch machen, auch von Flohsamen. Dies um so mehr, da er ja in Wein gekocht wird. Anfangs die Körner abseihen, später Flohsamen in zunehmendem Masse mittrinken. Genauso auch gelöschten Wein einsetzen und die Traumregulierung beachten. Auch Edelkastanien als heilende Nahrung einsetzen.

Selbstverständlich Weizenprodukte strikte weglassen!

Eine ganz dünne Dinkelmehlsuppe, und zwar aus Dinkelfeinmehl, verabreichen, mehrmals täglich. Nach etwa 8-14 Tagen einige gekochte Dinkel-Ganzkörner zusetzen. Daneben als Hauptkur das Durchfallei, (höchstens) zweimal am Tag. Mehr bringt auch nicht mehr. In dem Masse, wie die Durchfälle und Reizzustände zurückgehen, langsam Dinkelgriess zusetzen, später Dinkel-Vollkorngriess, und zum Schluss Dinkel-Schrot. Die dünne Suppe ist immer die Grundlage. Erst wenn dann eine gewisse Stabilisierung eingetreten ist, kann man auf Dinkel-Weissbrot übergehen. Daneben bleibt aber die Standardsuppe immer mindestens als Abendsuppe bis zur völligen Ausheilung bestehen. Selbstverständlich salzen. Wie weit man Butter verwenden kann, ist noch nicht eindeutig geklärt; manchmal wird Butter vertragen. Das muss individuell getestet werden. (Beachte auch das Durchfall-Kapitel im Buch „So heilt Gott".) Als Getränk selbstverständlich Fencheltee.

Milch- und Käseprodukte (am Anfang) weglassen. Später unter Mitverwendung von Mutterkümmel testen, ob der Darm sie ohne Schwierigkeiten vertragen kann. Nicht unwesentlich dabei ist die generelle Darmsanierung durch Bohnensuppe ohne Bohnen. Kräftig abkochen, (evtl. im Dampfkochtopf), wobei die Bohnen nicht zerkocht werden sollten und schon gar nicht passiert werden dürfen. Nur die Brühe, die bei dem kräftigen Kochen entsteht, ist das Heilsame. Weisse oder braune Bohnen spielt keine Rolle.

Bezüglich des Bertram-Gewürzes, welches manchmal auch empfohlen wird, gilt genau wie bei vielen Gewürzen, dass die Verträglichkeit nicht ganz einheitlich ist und getestet werden muss.

Medikamente absetzen, und zwar sofort! Mit Hilfe eines Arztes. Bei allen diesen Umstellungen ist es besser, wenn der Hausarzt mit von der Partie ist, zumindest sollte man nach Möglichkeit nicht gegen dessen Willen handeln. Das Wohlwollen des behandelnden Arztes ist ein echter Faktor beim Heilungsprozess. Im übrigen gelten die Grundregeln der Ernährung nach den Küchengeheimnissen der heiligen Hildegard.

## Nieren- und Harnwegsbehandlung

ist nicht ganz einfach und setzt (nach Hildegard) immer eine wohlfunktionierende Magen- und Darmtätigkeit voraus. Als Grundregel kann gelten, dass man mindestens eine flüssige Dinkel-Mahlzeit regelmässig, und zwar nach Möglichkeit zur selben Tageszeit einhält. Infrage kommen Dinkelkaffee, Dinkelbrühe, Dinkelbier und natürlich die verschiedenen Dinkelsuppen, unter besonderer Berücksichtigung der Neigung des Betroffenen zur Obstipation oder zum Gegenteil, den Durchfällen. (Was beides im Alter möglich ist). Die Nieren sind das Alters-Organ. Standard-Therapie bei Nierenleiden ist die Nierenmassage nach Hildegard.

Das Wesentliche bei der Diät ist, dass gewissermassen um dieselbe Tageszeit durch einen Dinkel-Auslöser eine Anregung der Nierentätigkeit erfolgt. Grundsätzlich fügt man den Dinkelsuppen zweckmässigerweise etwas(!) echten Weinessig bei, welcher die Nierengängigkeit verbessert. (Methylierender Effekt?) Ausserdem wird, speziell als Nachtgetränk, warmer Wein schluckweise empfohlen. Bei Blasenschwäche Salbeitee nicht vergessen.

Die Suppen nicht zu dick machen. Dinkelprodukte eventuell nicht voll auskochen sondern nur ankochen und ziehen lassen. Eine Vermehrung der Wassersucht findet bei Dinkel nicht statt.

Bei beginnenden Wasseransammlungen im Körper 1-2 Gewürznelken bzw. 1 Messerspitze Gewürznelkenpulver pro Tag. (Therapie der Wassersucht als Krankheit siehe Hildegards Therapie in unseren Lehrbüchern.)

Beim nächtlichen Trinken, gleichgültig ob man Bier oder warmen Wein trinkt, ist die Hildegard-Trinkregel zu beachten: Nur im völlig wachen Zustand trinken! Also etwa frühestens 10-15 Minuten nach dem Aufwachen, am besten mit Aufstehen. Nächtliches Aufwachen mit oder ohne Harndrang kann ein Frühzeichen von beginnender Herzschwäche sein. In diesem Falle denke man auch an den Herzwein zur Behandlung der Frühsymptomatik von Herzschwächen. Beim Schlaf wird Herz und Kreislauf weniger belastet und deswegen kann eine bessere Durchblutung der Niere stattfinden. Harndrang ist eine Folge davon.

# Alters-Diät

Es ist bei älteren und alten Menschen eine sehr riskante Sache, die Essensgewohnheiten zu ändern. Man weiss im Gegenteil, dass alte und hinfällige Menschen mitunter dadurch wieder zu Kräften und Lebensmut gekommen sind, wenn man ihnen Brot aus der Heimat besorgt hat, wenn sie nicht mehr dorthin kommen konnten. Alter und Alter können sehr verschieden sein. Ein Bechterew-, Alzheimer- oder ein Parkinson-Mensch hat natürlich schon von der Krankheit her seine Spezialdiät zu beachten.

Selbstverständlich wird der alte Mensch nichts dagegen haben, wenn er statt Weizen Dinkel bekommt. Es empfiehlt sich, nicht einmal davon zu reden, genauso wenig wie beim Kind. Diese Umstellung von Weizen auf Dinkel merkt spontan niemand, wenn man ihn nicht speziell darauf aufmerksam macht.

Der alte Mensch ist dadurch alt, dass seine Niere nicht mehr so gut funktioniert. Das kann mit den klinischen Funktionsprüfungen der Niere oft nicht festgestellt werden, gilt aber trotzdem. Die Niere ist das Altersorgan. Wir wissen, dass bei allen Nierenfunktionsstörungen immer der Darm vorgeschädigt ist. Die Niere und die Harnwege werden nie krank, wenn der Darm tadellos arbeitet. (Hildegard). Eine Vollverdauung sollte vor der Nierenbehandlung erzielt worden sein. (Bohnensuppe ohne Bohnen; Küchengifte weglassen, Auswahl der richtigen Fleisch- oder Fischsorte). Wenn sonst keine Krankheiten vorliegen, braucht man dem alten Menschen keine grossen Einschränkungen aufzuerlegen, da er gewöhnlich auch mengen- und kalorienmässig ganz erheblich reduzierte Kost zu sich nimmt. Einzig und allein ist zu beachten: Ein warmes Frühstück mit Habermus und Dinkelgebäck, damit der Magen richtig angeheizt wird. Süssen mit Zucker oder Honig? Im Grossen und Ganzen nicht wesentlich. Nur bei fettleibigen Menschen bleibt der Honig weg.

Die nötige Flüssigkeitsmenge deckt man durch Dinkelbier, Suppen oder Dinkelkaffee. Keine Mineralwasser. Warum nicht? Weil die Wässer auch schädlich sein können (Hildegard). Als Getränk kommt noch infrage: Ein Fenchel-Hagebutten-Tee, eine geschmacklich und farblich gute Mischung, wobei man zweckmässigerweise die Hagebuttenfrüchte ohne Kerne nimmt. Diese Mischung hat den Vorteil, dass sie mehrmals abgekocht werden kann. Sowohl die Fenchelsamen als auch die Hagebutten kochen beim ersten Mal noch lange nicht aus. Auch ein Lavendel-Weissdorn-Tee eignet sich. Lavendel hat eine gute Nervenwirkung (mit Honig für die Leber).

Bei der Altersdiät nicht zu vergessen: Die *Edelkastanien*. In erster Linie die gekochte Edelkastanie ohne Kochwasser. („Vermicellen" bessern die Gehirnfunktion). Bei Leberschaden, Herzschaden oder Diabetes andere Kastanien-Zubereitungen. (Siehe Küchengeheimnisse).

Was braucht man für den *Schlaf bei alten Leuten* = Einschlafen lernen!

Ein Standard-Abendessen mit gekochten Äpfeln; diese fördern etwas den Schlaf. Auch Dinkelbier kann schlafbahnend wirken. Ob viel oder wenig spielt keine Rolle. Wenn man in der Nacht aufwacht, sich freuen! Beim alten Menschen ist es nicht so wichtig, wie lange er schläft, wenn er nur gut schläft und gut träumt. (Jaspisstein).

*Verdauungsbeschwerden*? Vor allem Fenchel-Gemüse, gekochte Äpfel. Auch trinken zum Essen verbessert die

124

Verdauung, sowie „angemachter", durchzogener Hildegard-Blattsalat.

*Altersschwäche und Schwäche insgemein:* Ausgesprochen kräftigend wirkt gekochtes Jungschwein und Ingwer. Warme Bäder kräftigen. Am besten Zypressen-Bäder. Bewegung! Eventuell einen Edelkastanien-Stock beim Spazierengehen. Gegen Frieren hilft wunderbar ein Dachsfell im Bett. Dachsgürtel und Dachsschuhe am Tag.

Eine gut warme Dinkelmahlzeit hebt das Wärmegefühl. Wenn man zum ersten Mal ein warmes Dinkelessen zu sich nimmt, erleben viele eine Art Wärmewelle von Kopf bis Fuss. Auf diese Weise wird sicher auch die Hautatmung gefördert und der Mensch zu einer gesunden Perspiration gebracht. Auch ein Dinkel-Effekt. Das Ausscheidungsorgan *Haut* wird meist zu sehr vernachlässigt.

# Säuglings- und Kinder-Ernährung

Man kann Säuglinge sogar ohne Milch entwöhnen und Kleinkinder im ersten Lebensjahr mit Dinkelschoppen aufziehen. Zum Unterschied vom Weizen und Hafer gibt Dinkel keine Mehlnährschäden. Die Zukost wählen entsprechend dem Alter und den Küchengeheimnissen! Ab erstem Lebensjahr grundsätzlich Limonaden meiden wegen der Gefahr späterer Limonadensüchtigkeit. Den Süssigkeitsbedarf nach Möglichkeit durch Honig oder Südfrüchte decken. Lebkuchen und Marzipan sind später statthaft. Dinkelkörner kauen (ungekochte) zur Entwicklung eines guten Gebisses ab 2. Lebensjahr. Dinkelbrot zunächst als Weissbrot, Milchbrot, später Dinkelmischbrot bzw. Vollkornbrot. Dinkelmischbrot wird hergestellt aus Dinkelweissmehl und Dinkelvollkornmehl.

Eingriffe in die traditionelle Säuglings- und Kinderpflege müssen vom ärztlich-medizinischem Standpunkt aus mit grösster Vorsicht vorgenommen werden. Nirgends kann sich eine einseitige Diätänderung als so riskant erweisen wie in diesen Fällen. In einer gesunden Familie liegen hier jahrhundertealte Familientraditionen vor, deren Erfahrungen nicht leichtfertig geändert werden dürfen. Freilich sind die dafür zuständigen Omas bei dem heutigen Kulturverfall meist aus dem Familienverband verdrängt. Trotzdem wird auch eine moderne – und die postmoderne Mutter sogar zweimal – so klug sein und den Rat ihrer eignen Eltern (Mutter) und Grosseltern nicht verschmähen. Hier kann man nur den Rat geben, alles wie früher zu lassen und nur die Weizenprodukte konsequent durch Dinkelprodukte zu ersetzen. Wenn man zudem im ersten Lebensjahr weitgehend auf Milch, Eier und andere tierische Produkte verzichtet, werden die vielen gefährlichen Folgen der früherworbenen Allergie-Anlage weitgehend vermieden werden können. Dies gilt insbesondere dann, wenn die Allergie-Disposition zu einem Erbfaktor geworden ist.

Kranke Kinder nach Hildegard zu behandeln lohnt sich ausserordentlich. Diese naturgesunden Wesen brauchen nur eine kleine Hilfe, um mit den üblichen Fieberkrisen und anderen Kinderkrankheiten leicht fertig zu werden. Im allgemeinen wird dabei zuviel getan. Wenn es nach mir ginge, würde ich eine Antibiotika-Behandlung vor dem zehnten Lebensjahr überhaupt verbieten. Die leicht mögliche Fieberbehandlung der Kinder nach Hildegard v. Bingen (Meisterwurz, Akelei, Galgant in Himbeersaft, siehe Hildegard-Apotheke) ist so elegant und leicht durchführbar.

Diätetisch wird man mit fast allen Kinderdurchfällen mit Hilfe von dünner Dinkelmehlsupppe leicht fertig. Gegebenenfalls kann man auch noch die andere Durchfalldiät (siehe Küchengeheimnisse) mit einbauen. Wer es kann, darf natürlich auch Kneipp anwenden oder Homöopathie. Diese beiden alten Naturheilmethoden vertragen sich gut mit den Therapiegrundsätzen nach Hildegard.

Die gefürchtete Mittelohrentzündung zaubert man kunstgerecht mit den Öligen Rebtropfen Hildegards weg. Ebenso wird bei spezifischen Krankheiten (Gelbsucht, Vergiftung, Mandelentzündung) das entsprechende Heilmittel in der Kleinen Hildegard-Haus-Apotheke oder in dem Buch der Grossen Hildegard-Apotheke gesucht und eingesetzt. In solchen Fällen zieht man den Hausarzt mit zu Rate, macht ihn aber gleich darauf aufmerksam, dass man nach Hildegard behandeln möchte und bittet um sein Verständnis. Wenn er es noch nicht kennt, überreicht man ihm zur ersten Information über Hildegard das „So heilt Gott" Büchlein.

Über die Psychologie der Kinderbehandlung brauche ich hoffentlich hier nicht mehr viel zu sagen. Eine Krankheit kann bei einem Kind ein wunderbares Erziehungsmittel sein. Im Namen vom Onkel Doktor – oder meinetwegen auch vom himmlischen Vater – kann man den Kindern ein bis zwei Fastentage auferlegen. Die Kinder entwickeln dafür ein aussergewöhnliches, für Erwachsene überraschendes Verständnis und sind oft sogar stolz darauf, wenn man sie nachher entsprechend lobt für tapferes Durchhalten. Auf keinen Fall soll man Zwangsmethoden anwenden. Mit Geduld und gutem Beispiel kommt man so gut wie immer zum Ziel. Das Hauptgebot für die Eltern: Jede Panik meiden. Dem Kind soll man gleich von anfang an das Bewusstsein beibringen, dass letztlich unser Schicksal in Gottes Hand liegt. Wenn diese Überzeugung früh geweckt wird, bringt sie bis ins Alter unschätzbaren Segen.

# E. Die Dinkel-kur.
# Für Kurheime.

1. Beginn mit einer relativ grossen Menge reinem Dinkel. Brot, grober Brei, Grütze.
2. Einstellung je nach der Darmpassage. (4-6 Tage)
    a. Beobachtung der Wirkung der verschiedenen Dinkel-Formen, Mehl, Ganzkorn, Dinkelkaffee etc.
    b. Erzielung einer individuellen Passagen-Norm durch Mischung von grobkörnigen und feinkörnigen Dinkelprodukten. Astheniker, Pykniker haben anderes Darmvolumen.
    c. Training des Darmes dadurch, dass man den Zusatz von ganzen Körnern allmählich steigert.
3. Angezeigt bei chronischen Krankheiten:
    a. Schwere Verdauungsstörungen.
    b. Progrediente, zunehmende, sich verstärkende Krankheiten.
    c. Spezifische Krankheiten.
    d. Postoperative Krankheiten.
    e. Bei jeder Störung des haematopoetischen Systems zur Unterstützung des Knochenmarkes und anderer schwer geschädigter Zellkernproliferationen (Pluriglanduläre Insuffizienz).
    f. Kohlenhydrat-Intoleranz bei Diabetikern: Dinkel-Ganzkörner verhindern die periodischen Schwankungen des Blutzuckers nach oben oder unten durch konstanten Kohlenhydrat-Einstrom.
4. Minimum von Zusatzkost, wie z.B. Butter, Salz, Gewürze. Anfangs kein Obst, keine Kartoffeln oder Gemüse, auch keine sonstigen Nährmittel wie Haferflocken u.ä.

5. Ausschleichen: Allmähliches Senken der täglichen Dinkelmenge und Zulegen anderer Nahrungsmittel.
6. Mindestmenge des täglich notwendigen Dinkels bestimmen, welche während der Kurdauer nicht unterschritten werden sollte. (250-500g).
7. Entscheidend für das Gelingen der Dinkelkur:
   a. Menge und Grobbestandteile des Dinkels.
   b. Richtige Zubereitung.
8. Grundsätzlich ist die Kur eine vegetarische Kur. Doch kann Fleischbrühe oder sogar Fleisch in der 2. Kurhälfte angeordnet werden. Als Getränk ist Dinkelbier zu bevorzugen, in zweiter Linie Wein. Auch Diätwein, Herzwein, gelöschter Wein. Und natürlich Fencheltee wenn nötig und erwünscht.

Die Kur muss, um wirklich den Namen zu verdienen, eine völlige Abkehr des Menschen von seinen sonstigen Gewohnheiten ermöglichen. Es soll alles getan werden, um ihn sich auf seine gegebenen Kräfte und auf sich selbst besinnen zu lassen. Unabhängig von den durch fremde Einflüsse aufgedrängten Fehleinschätzungen soll die Kur den Kranken zu wahrer Selbsterkenntnis hinlenken. Der eigentliche Mensch entdeckt sich selbst und freut sich darüber. Denn gewöhnlich ist unser Leben nicht unser Leben, sondern das, was man uns suggeriert hat. Das Leben selbst finden wir erst in den Tagen grosser Ruhe, Heiterkeit und Sorglosigkeit. Das sollen die Kurtage sein.

*„In Jedem steckt ein Bild des was er werden soll,*
*solang er das nicht ist, ist nicht sein Friede voll."*
Angelus Silesius

Als Beschäftigungen könnten angeboten werden: Fischen, Rudern, Reiten, Wandern, Gärtnern, Malen, Tanzen,

Kochen und Backen, lauter urtümliche Beschäftigungen, um sich zu finden. Kein Luxussport! Vielmehr eine Art „Gottesdienst der Arbeit", aber nie mehr als täglich vier Stunden.

Die Umgebung darf nicht etwaige Gefühle von Neid, Trauer oder Angst wecken oder hinterlassen, sondern muss eine ,Gegenwart' sein, die einmal gefunden, überall wieder geschaffen werden kann. Das beruhigt. Wirkliche Sorgen des Kurgastes sollen ihm abgenommen werden.

Der Wert einer Ernährung bei chronischen Krankheiten mit fettarmen Nahrungsmitteln und frei von tierischem Eiweiss ist seit den Beobachtungen von Bircher-Benner heute wohl allgemein anerkannt im Sinne einer Umstimmungstherapie. Extreme dieser Richtung, Vegetarismus und Rohkost, konnten allerdings bisher keinen ungeteilten Beifall finden. Den Mittelweg schlägt die *Dinkelkur* ein, eine vitamingesättigte Kohlehydratkost, welche eiweiss- und fettarm ist. Versuche haben gezeigt, dass man bis 6 Monate ohne Gemüse, Fleisch, Fett und Obst bei ausschliesslicher Dinkelkost gesund leben kann.

Eine Dinkel-Kur sollte auf etwa 2 Monate, mindestens aber 4 Wochen veranschlagt werden. Ein vierwöchiger Kurheimaufenthalt kann durch eine vierwöchige gleichartige Nachkur zuhause ergänzt werden. Dies ist ohne weiteres möglich, da man ohne grössere Küchentechnik eine abwechslungsreiche und sehr bekömmliche Speisenfolge aus Dinkel herstellen kann. So geht täglich eine Art Dinkelstrom in den Blutkreislauf und in den Körper über, ohne dass der Verdauungsapparat belastet wird. Man sieht dabei chronische Darmgeschwüre auf leichte Weise ausheilen, eine starke Belebung der Blutneubildung, was mir als das Wesentliche erscheint und wahrscheinlich auf einen Vitamin-B-Komplex in Verbindung mit reichlich Vitamin E

(Linolsäure) zurückzuführen ist. Es erfolgt eine sichtliche Anregung der Nerventätigkeit. Nicht nur die Schlaftiefe wird wiederhergestellt, auch neurotische Nervenschmerzen verschwinden. Eine Muskelschwäche nach Schlaganfällen bildet sich fast ohne physikalische Hilfe zurück und Wohlbefinden und Lebenslust wachsen in erstaunlichem Masse.

Von der Bircher-Benner-Kur und ähnlichen Kuren unterscheiden sich die Dinkelkuren dadurch, dass es sich nicht um Rohkost-Kuren handelt. Neben postoperativen Dinkelkuren empfehlen wir die präoperativen. Als Vorbereitung auf eine bevorstehende Operation kann eine Dinkelkur wärmstens empfohlen werden. Bei der reinen Dinkelkur werden keine Medikamente daneben verwendet. Allenfalls bei einer kombinierten Dinkelkur wird ein Arzt zurate gezogen. Eine Sensibilisierung für Arzneiwirkungen kann bei einer Dinkelkur ebenso eintreten wie bei einer Fastenkur.

Die Dinkelkur darf auch als modifizierte Fasten-Kur aufgefasst werden. Jede Dinkelkur, wenn sie wirksam sein soll, bringt gewisse Einschränkungen mit sich. Nur Jene werden sich deshalb dazu entschliessen, welche über ein Minimum von Disziplin verfügen, oder aus einem schwerwiegenden Grund dazu gezwungen sind, wie denn auch Operationen und langwierige Krankenhaus-Aufenthalte ähnlicher Voraussetzungen bedürfen. Die Ernährungstherapie ist ein gewaltiges Stück Psycho-Therapie. „Vernichtung pathologischer Keime ist die Aufgabe von Heilmitteln, Diät aber soll aufbauen und umbauen." (Bircher-Benner). Medikamente sind so lange zurückzustellen, als noch der beabsichtigte Zweck mit diätetischen Mitteln erreicht werden kann.

# Von der Zubereitung des Dinkels

Mehl, Griess oder grobes Mehl (Schrot) mit Wasser anrühren und in kochendes Wasser schütten und umrühren. Ankochen und fertig. Dadurch vermindert sich die Gefahr eines Anbrennens. Wir begreifen, dass dabei so gut wie überhaupt nichts an Lebenswerten verloren geht. Es ist erstaunlich, dass der Geschmack gleich gut ist wie bei längerem Kochen. Halbgar schmeckt es oft am besten, am frischesten. Der Dinkel hat es in sich, dass ihn der Magen sozusagen fertigkocht, wenn er ein wenig angekocht, fast nur angequollen ist. Wasser und Dinkel, die zwei gehören zusammen, da im Wasser das Leben liegt. Der Dinkel ist ungemein wasserfreundlich. *Corpora non agunt nisi fluida* – Stoffe wirken nur in flüssigem Zustand aufeinander.

Das einfache Dinkelgericht aus Mehl, Griess oder feinen Flocken ist im Handumdrehen fertig und dauert nur solange, wie unsere Hand braucht, die Tasse umzudrehen, um den Dinkel in kochendes Wasser fliessen zu lassen und umzurühren. Man kann das Dinkelgericht sofort geniessen, oder nach Belieben länger kochen lassen auf kleiner Flamme. Bei der raschen Kochbarkeit des Dinkels wird man ihn nach Möglichkeit immer frisch zubereiten und nicht aufwärmen. Natürlich kann man auch das. Aber es schmeckt nur, wenn man richtigen Hunger hat.

Gewürz und Geschmacks-Varianten kann jeder nach eigenem Ermessen entsprechend den Angaben der heiligen Hildegard einsetzen. (Siehe „Küchengeheimnisse").

# Das Fasten mit Dinkel

Es heisst, den Stellenwert der Ernährung gewaltig überschreiten und einen Götzen daraus machen, wenn man das
Wort vergisst: „Der Mensch lebt nicht vom Brot allein".
Und was nützte es dem Menschen, wenn er – durch Selbst-
verwirklichung – die ganze Welt gewänne, aber an seiner
Seele Schaden litte? Heisst das nicht: Seelsorge zuerst?
Gehört nicht der – massvolle und zeitweise – Nahrungs-
verzicht (auch von Dinkel!) zu einem der wichtigsten Mittel
der Selbstfindung und Gottesbegegnung?

Eine Dinkelkur mit reduzierten Kalorien wird zur
Fastenkur. Gerade bei den Fastenübungen gehört die nähr-
stoffarme Dinkelbrühe zu einem wertvollen Hilfsmittel,
um den dringendsten Flüssigkeitsbedarf zu decken und
dabei doch zu fasten. Es ist nicht gleichgültig, welche Säfte
wir in diesen Fasten-Übungstagen der Selbstbeherrschung
und Willensstärkung zu uns nehmen. Gerade dann nicht,
wenn wir die Darmbelastung auf ein Mindestmass reduziert
haben. Da wirken Säfte noch mehr als an gewöhnlichen
Tagen zu Heil oder Unheil. (z.B. Sauerkrautsaft!)

Für die Übergangszeit des Abfastens oder auch für die
Regulierung des Stuhlganges eignet sich Dinkel-Ganzkorn.
Hier leisten auch andere Dinkelprodukte in der Hand des
Erfahrenen wertvolle Dienste.

Fastenübungsdauer: Acht, besser vierzehn Tage mit den
Abfastetagen. Ein Fastenleiter gehört zu jeder längeren
Fastenzeit. Fasten ohne Fastenführung bedeutet Verzicht
auf eine wertvolle Chance in diesen Besinnungstagen, welche uns nicht zuletzt auf andere, bessere Gedanken bringen

sollen. Wenn man nur das Biologische allein im Auge hat, ist man schon auf dem Holzweg und in Gefahr, durch Stolz und Hochmut allen inneren Gewinn wieder in Frage zu stellen. Da nützt die sogenannte Entschlackung wenig. Es kann geradezu ein Vorteil sein, zwischendurch auch einmal eine dünne Dinkel-Ganzkornsuppe einzuschalten. Die Meinungen darüber gehen zwar auseinander, aber es lohnt sich, darüber nachzudenken. Der Mensch hat in sich ein Regulations- und Gegenregulations-System, das sich nie ganz ausschalten lässt, auch nicht beim strengsten Fasten. Gerade dann nicht, wie ich aus der Kenntnis meiner Hildegard weiss. Oft wird auch die Kombination einer Abkochung von Dinkel und Fenchel als Fastenbrühe nützlich sein, weil beide hundertprozentig menschenfreundlich agieren vom Standpunkt der Seele aus. Menschen- und Gottes-Freund zu werden, sollte unter anderem eines der Ziele jeder Fastenübung sein. Nicht an das Fasten und nicht an den Dinkel glauben, sondern an Gott und daran, dass im Anfang das Wort war.

*Dinkelexport von Gotland in die Schweiz, 1996.*

# Teil III

# Das Vorkommen des Dinkel-Getreides

Als Verbreitungsgebiet des Dinkels können wir nur solche Gebiete bezeichnen, bei denen der Dinkel als Grundlage der bäuerlichen Wirtschaft seit Jahrhunderten bis in unsere Zeit gegolten hat oder wo er neuerdings angebaut wird und man sich seiner biologischen Reinheit verpflichtet fühlt.

Auszuschliessen sind rein kommerzielle Anbaugebiete, bei welchen sozusagen die Anbauer keine Beziehung zum Dinkel sondern nur zum Geld haben. Die Kommerzialisierung unserer Zeit ist dem „vernünftigen” Dinkel ein Greuel. Er will Hausgenosse und Familienmitglied sein, nicht Fabriksware.

Auch das sogenannte Bauland (Taubergrund, Deutschland) mit seiner Spezialisierung auf Grünkern kann als Restgebiet eines uralten Dinkelgebietes gelten. Die Bauern dort fühlen sich noch dem Dinkel wesentlich verpflichtet und lieben ihn – aus welchem Grund auch immer.

Wenn man nicht eine persönliche Beziehung zum Dinkel hat, soll man als Bauer, Müller oder Bäcker lieber die Finger davon lassen. Unter Berücksichtigung dieser Gesichtspunkte umfasst das heutige Vorkommen von Dinkel folgende Gebiete:

1. Alemannische Siedlungsgebiete in der Schweiz, in Baden-Württemberg und im Allgäu.
2. Biologische Neu-Anbaugebiete in Deutschland und Österreich, auf Gotland (Schweden), in Dänemark und Belgien. Bio-dynamischer Versuchs-Anbau in Norwegen 1994.
3. Reste alter Anbau-Gebiete, die uns nicht bekannt sind, weil bei ihnen möglicherweise in den letzten Jahr-

zehnten durch die grossen politischen und sozialen Umwälzungen unserer Tage der Anbau von echtem Dinkel in bäuerlichen Kreisen weitgehend ausgestorben ist.

Die Gebiete, wo zwar neuerdings sogenannter Dinkel angebaut wird, aber ohne Rücksicht auf Genmanipulationen und andere subtilitäts- und qualitätsfeindliche Massnahmen, wie z.B. Einkreuzungen, Halmverkürzungsmittel, Kunstdünger und chemische Schädlings- und Unkrautbekämpfungs-Mittel etc. rechnen wir nicht dazu.

Im Dinkel-Stammland, welches lange dem Weizenanbau widerstand, im heutigen Baden-Württemberg und in der Schweiz, war in den letzten dreissig Jahren der Dinkelanbau bis auf einen minimalen Rest zurückgegangen.

Die Wiederbelebung der Nachfrage hat alte Dinkelbauern veranlasst, wieder zu einer traditionellen Dinkelkultur zurückzukehren. Leider wird aber in diesen Fällen oft gleichzeitig auch Weizenanbau betrieben, wobei es zu einer kulturellen und ökonomischen Vermischung kommt, welche eine unerwünschte Entwicklung darstellt. Wir würden sagen, echtes Dinkel-Vorkommen besteht nur dort, wo Dinkel die Hauptfrucht bildet.

Dinkelanbau ohne Dinkelkultur ist ein Widersinn. Dinkelanbau soll dezentralisiert sein. Jede Gemeinde zieht sich ihren eigenen Dinkel und verarbeitet ihn im Idealfall selbst. Im Rahmen einer bäuerlichen Kultur hat der Dinkel seinen Ehrenplatz, den er mit keiner „Konkurrenz" teilen sollte.

Wie hoch die Dinkelbauern ihr heimisches Getreide einst geschätzt haben, geht daraus hervor, dass sie für den eigenen Bedarf immer noch Dinkel angebaut haben trotz des Preisverlustes. Das taten auch die gotländischen Bauern bis zum Ende der fünfziger Jahre dieses Jahrhunderts.

Ein ganz schwacher Ausgleich wurde den Dinkelbauern in Deutschland noch vor einigen Jahrzehnten dadurch gewährt, dass die Dinkelkerne staatlicherseits um 10 % teurer aufgekauft wurden, mit der Begründung, dass es sich dabei um hochwertiges Getreide mit Hartweizenqualität handelt. Die Mischung von Weizen- mit Dinkelmehl ergab eine höhere Backqualität, wie die Bäcker im Dinkelgebiet wussten.

Ein Vorteil kam auch dadurch zustande, dass die Dinkelböden weniger gedüngt werden müssen. In ungünstigen Weizenjahren kann der Dinkelertrag den Weizenertrag sogar noch übertreffen.

Ein neuartiges Plus für den Dinkelanbau ergab sich durch die wachsenden Dörfer und Städte. Der Vogelfrass in ortsnahen Standorten hat beim Weizen schon solche Ausmasse angenommen, dass es sich wieder lohnte, Dinkel anzubauen. Beim Weizen fallen die nackten Körner leicht aus und stehen den Vögeln auf dem Präsentierteller zur Verfügung, den in Spelzen gehüllten Dinkel verschmähen sie.

In biologischen Kreisen wurde sogar der Versuch gemacht, die Dinkelpflanzen wie den Reis von Hand auszupflanzen. Das hatte zur Folge, dass aus den einzelnen Pflänzchen viel mehr Halme herauswuchsen. Das Prinzip funktionierte wie bei den Reisbauern. Für Sortenzüchtungen wäre daran zu denken. Handarbeit mehrt nach Hildegard den Segen.

# Der Dinkel-Bauer

Nur der Bauer garantiert auf die Dauer, dass echter Dinkel erhalten bleibt. Wir hätten heute keinen Dinkel mehr – ausser in botanischen Gärten – wenn es den Dinkelbauern nicht gäbe. Der Bauer hat den gesunden Hausverstand, die Vernunft, natürlich zu denken, welche dem Städter schon lange abhanden gekommen ist. Er denkt nüchtern, wirtschaftlich und naturverbunden. Er ist opferbereit und treu. Er ist eigentlich in allen Berufen, die mit der Ernährung zusammenhängen, irgendwie unterrichtet. Er kann im Notfall sein eigener Techniker sein, sein Bäcker und Müller, sein eigener Arzt und Tierarzt. Er verkörpert bestes Menschentum, einen Humanismus, der bisher viel zu wenig geschätzt und bewertet wurde. Alle Bevölkerungsstatistiken beweisen, dass die Stadt nur dadurch lebt, dass immer wieder „frisches Blut" vom Land zuströmt. Die Verstädterung der Welt bewirkt – wenigstens im Westen – dass man sich den Ast absägt, auf dem man sitzt. Ich weiss nicht, ob dahinter mehr Bosheit oder Dummheit steckt, vielleicht beides. Dabei ist es nicht wesentlich, ob es sich um einen Kleinbauern oder um einen Grossbauern handelt. Auf lange Sicht ist der Landbau nur durch die Grossfamilie ökonomisch.

Als es noch keine Maschinen gab, hatten die Bauernfamilien in meiner Heimat (Bad Gastein, Salzburg) fünfzehn und mehr Kinder. Sie brauchten keine Kindermädchen und keine Kindergärten. Die Grossen sorgten für die Kleinen und Neid und andere asoziale Kinderkrankheiten der Städter wurden durch die gesunde Frömmigkeit der

Eltern im Keime abgefangen. Wenn die Kinder rechtzeitig gelernt haben, sich in ihre Grossfamilie einzuordnen, dann sind sie für ihr ganzes Leben der Ehrlichkeit und Treue verpflichtet. Treue und Glaube sind echte Bauerntugenden und sind darum fast ausgestorben.

Heute muss besonders der kleine Bauer um seine Existenz kämpfen, da im Zuge der Rationalisierung der Landwirtschaft (mit der Überproduktion als Folge) der Staat sogar Geld dafür bezahlt, wenn nicht mehr angebaut wird. Er gibt sozusagen Hilfe, um die Höfe „abzuwickeln", abzuwürgen – wie es in Schweden heisst. Und in Deutschland werden die Höfe „Landschaftspfleger".

Gerade für diese kleinen und mittleren Bauernbetriebe wäre der Dinkelanbau ideal und könnte zum Überleben des Hofes beitragen. Sonst kommt es allmählich so weit, dass man den Bauern nur noch dazu braucht, um das optische Bild der Landschaft zu verschönern, damit eventuell das ökologische Gleichgewicht nicht ganz zerstört wird. Der wahre Bauer bedankt sich für diese Ehre. Es geht da wie beim „Mühlensterben". Man wäre auf Gedeih und Verderb auf die Gross-Industrie angewiesen.

Ein Handschlag unter Bauern hatte mehr Geltung als heute ein fünfseitiger Vertrag. Nun gar noch die Dinkelbauern! Mit den Bauern fängt der Dinkel an und mit den Bauern hört der Dinkel auf. Wieso? Dass er mit dem Bauern anfängt, braucht eigentlich keine Erklärung. Oder doch? Unter Bauer verstehe ich die bodenständige Bauernfamilie, welche ein gesundes Misstrauen gegen die allzugrosse Industrialisierung hat. Dinkel ist kein Industrie-Getreide. Ein echter Bauer hat einen Spürsinn, ob eine Veränderung in seinen Lebensgewohnheiten einen Fortschritt bedeutet oder mit mehr Nachteilen als Vorteilen verbunden ist.

Behüte uns Gott vor Dinkel-Grossfarmen oder Dinkel-

Kolchosen! Ein gesunder Bauernverstand ist ein wunderbarer Puffer – gegen die Arbeitslosigkeit. Der echte Bauer ist Selbstversorger und kann im Sinne eines Arbeitsdienstes einige Arbeitslose verkraften, – falls diese noch über eine gesunde Bescheidenheit verfügen.

Wieso steht aber der Bauer auch am Ende der Dinkel-Kette? Ein Dinkelbauer erlebt hautnah, wenn die Dinkelqualität zurückgeht. Das kann beim Viehfutter sein, das kann durch Halmverkürzung, Kunstdünger und Pestiziden sein usw. Ich nannte den Dinkel ein intelligentes Getreide und vermute, dass er den Pferdefuss der Gen-Manipulation viel schneller an den Tag bringt, als den Gen-Manipulatoren recht und lieb ist. Dadurch ist der Dinkelbauer ein Regulativ gegen hypermoderne kurzsichtige Massnahmen, welche für nichts gut sind als den Geldsack der technisierten Gross-Industrie.

Möglicherweise ist der Dinkel auch intelligent genug, um selbst aus verschiedenen Gensorten eines Tages wieder rein hervorzugehen. (Allenfalls könnten wir uns denken, dass eine Mischsaat von Emmer und Einkorn als spontane Einkreuzung auch wieder einmal zufällig reinen Dinkel ergeben könnte.)

# Worauf es beim Dinkelanbau ankommt

Bodenqualität, Bodenbearbeitung, Bodenvorbereitung

Fruchtfolge – Saatgut – Saatzeit

Klima und Forschung

Düngung und Unkrautbekämpfung

Beiträge zur chemischen Düngung und ihre Folgen für den Dinkel-Anbau

Die Geschichte der Chemiedüngung

Ernte, Reifegrad

## BODENQUALITÄT, BODENBEARBEITUNG, BODENVORBEREITUNG

In Gegenden, wo der Dinkel-Anbau heimisch ist oder doch bislang heimisch war, gibt es noch genügend „Spezialisten", denen wir darüber nichts zu sagen brauchen, die uns im Gegenteil noch Ratschläge geben könnten. Da wir selbst keinen Dinkel angebaut haben, sind wir auf die Angaben der Dinkelbauern angewiesen. Es wurden im Zuge der „Dinkel-Renaissance" in den letzten Jahren von interessierten Kreisen auch diesbezüglich hochwissenschaftliche Untersuchungen unternommen. Da diese im allgemeinen nur auf die Ertragsseite Rücksicht nehmen und von der Dinkel-Subtilität *nichts* verstehen (und auch gar keinen Wert darauf legen), sind diese Kreise für uns nicht massgebend.

Es gibt Untersuchungen, (Doktor-Dissertation, Georg Bauer) welche Vorfrucht für den Dinkel geeignet ist. Da Dinkel sich leicht jeder Fruchtfolge anpasst, ist er nicht so anspruchsvoll auf gute Vorfrucht. Er verlangt auch eine weniger intensive Bodenbearbeitung und -vorbereitung, wie denn diese ja auf mageren Böden und im Kleinbetrieb sowieso in den Hintergrund tritt. Ob der Boden ausgesprochen biologisch-dynamisch, ökologisch, organisch naturgemäss im alternativen Landbau genutzt wird, spielt bei der Eigenart des Dinkels nur eine sekundäre Rolle. Ganz gewiss gilt, dass der Naturbursche Dinkel mit den natürlichen Gegebenheiten zufrieden ist. Wenn grundsätzlich verzichtet wird auf die leichtlöslichen synthetischen Mineraldünger und chemischen Pflanzenschutzmittel – und dies durch einige Jahrzehnte hindurch, dann sind gewiss gute Vorbedingungen gegeben. Aber Untersuchungen haben festgestellt, dass die auffallend starke Wurzelbestockung des Dinkels nicht einmal die durch den Regen in den Boden geschwemmten Umweltgifte in nachweisbaren Mengen aufnimmt. Es ist also nicht nur so, dass die Spelzhülle die reifenden Körner schützt, sondern dass die ganze Dinkelpflanze Produkte der Chemie weniger leicht an sich reisst.

Dazu kommt eine hohe Stickstoffausnützung des Dinkels, welche dazu führt, dass man grundsätzlich mindestens 30-50 % weniger Stickstoff benötigt als vergleichsweise beim Weizen. Dadurch eignet und empfiehlt sich der Dinkel-Anbau auch ganz besonders in Wasserschutz-Gebieten und überhaupt aus ökologischen Gründen, weil eine Überdüngung kaum zu befürchten ist. Der Dinkel braucht weniger Stickstoff, dafür nimmt er ihn ganz auf. Weil deswegen eine zusätzliche Düngung nicht nötig ist, kommt es auch nicht zu Grundwassergefährdung durch Nitrat aus Düngemitteln.

Wie alle Getreidearten liebt auch der Dinkel kalkreiche Böden (vergleiche das Kapitel Dinkel und die Wissenschaft, Kalzium-Haushalt). Auf guten Weizenböden gedeiht er besonders gut, falls solche nicht für den Weizenanbau beansprucht werden.

Im allgemeinen bevorzugt Dinkel schweren Boden, gedeiht jedoch auch auf karger Scholle. Selbst unter ungünstigen Verhältnissen versteht er, im Gegensatz zum Weizen, das Optimale für sich herauszuholen. Bei später Aussaat, grobem Saatbett und in Höhen bis zu 1200 m bringt er in Mittel-Europa noch zufriedenstellende Ergebnisse. Mit seiner kräftigen Blattmasse unterdrückt er zudem automatisch recht wirksam Gras und Wildkraut, ein weiterer ökologischer Pluspunkt.

Er kommt in rauhen Lagen ebenso gut zurecht wie mit strengen Wintern, nimmt sowohl feuchte als auch trockene Sommer gelassen hin. Im bayrischen Allgäu wurden Versuche gemacht, Dinkel sogar ohne grösseres Umpflügen, nur durch Eggen des Bodens, wachsen zu lassen und angeblich ergab das eine noch grössere Geschmacksqualität. (Naturpflegeböden).

Die Landwirte führen die Widerstandsfähigkeit des Dinkels darauf zurück, dass dieses „Schwaben-Getreide" nicht so hochgezüchtet ist wie andere Getreidearten. Besonders bei alten Landsorten führt ungewohnte Düngung zu Lagergetreide. Die jahrelang im Eigenbau gezüchteten und als Saatgut verwendeten Landsorten scheinen sich an die Düngemenge zu gewöhnen, man könnte dadurch auch gewissermassen Dinkelrassen heranziehen, welche bei geringerer Düngung noch gut wachsen. Bei zu starker Stickstoffdüngung vermögen die Halme die Ähren nicht mehr zu tragen. Das führt zu Ernteverlusten, wenn auch nicht so stark wie beim Weizen. Denn ein Lagerweizen kann nicht mehr verwendet werden, wohl aber der Lagerdinkel wegen der Spelzhülle. Nach Brachland ist der Dinkelanbau geeigneter als der Weizenanbau.

Die starke Bewurzelung des Dinkels ist sicher auf das Doppelkorn in der Spelzhülle zurückzuführen. Dinkel wird grundsätzlich mit den Spelzen gesät („in der Hose"). Entspelzte Dinkelkörner gehen nur zu einem geringen Prozentsatz bei der Saat an. Es ist wahrscheinlich, dass dafür ein sekundärer Pilzbefall in der Zeit zwischen Gerben und Aussaat die Ursache ist oder Keimschäden beim Gerben.

Der Dinkel laugt die Felder viel weniger aus als der Weizen, was bei der Nachfrucht deutlich in Erscheinung tritt. (Landwirtschaftliche Schule Rottweil).

Die starke Bestockung durch kräftige Dinkelwurzeln führt auch zu höheren Stroh-Erträgen, welche bei der hohen Futter-Qualität des Dinkel-Strohes (Kraftfutter) nur erwünscht sein kann. Der weiche Dinkelhalm (Dinkelstroh) wird genau so gern wie der Haferhalm von Pferden und Rindern bei der Fütterung angenommen.

In einem heute noch grossen Dinkelanbaugebiet an der oberen Donau (Riedlingen), wird allgemein die Meinung vertreten, dass der Weizenanbau eine nachfolgende Rotkleekultur schwäche. Vom Dinkel ist das nicht bekannt.

Es zeigt sich, dass ausserhalb des Schwabenlandes der Dinkel in den Ebenen kaum angebaut wird, weil er Kalkver-witterungsböden bevorzugt, aber reine Gebirgsböden und Sandböden meidet. Daher ist er im bulgarischen Granit-gebirge nicht zu finden. (Prof. Knoll).

EIN DINKELBAUER SPRICHT: (Helmut Müller, Allensbach).

„Wenn ich das Getreide, von dem ich das Höchste erwarte, in den Schatten stelle, dann können die hohen Erwartungen sich auch nicht erfüllen. Wenn ich dem Dinkel nicht die nötige Sorgfalt zukommen lasse und ihm die schlechtesten Böden gebe, ist auch die Qualität danach.

Wenn man den Boden zum Säen richtig vorbereiten will, sollte der letzte Arbeitsgang in der Nacht erfolgen, dadurch regt man die Unkrautsamen, die Lichtkeimer sind, nicht zum Wachstum an. So hat man einen wesentlich geringeren Unkrautbesatz im Bestand. Man sollte sogar soweit gehen, dass die Saat auch in der Nacht erfolgt, weil man beim Säen den Boden auch in Bewegung bringt."

## Die FRUCHTFOLGE beim DINKELANBAU

Erfahrene Dinkelbauern empfehlen folgende Fruchtfolge, damit möglichst wenig Düngung dem Boden zugeführt werden muss:

Zur *Vorfrucht* empfehlen sich – wie auch bei anderen Getreidefrüchten – die *Leguminosen* (Kreuzblütler) als Stickstoffsammler, wie z.B. Phacelia (Bienenweide), Wicken, Erbsen, Luzern, Klee, Lupinen, also Pflanzen, die in der Lage sind, mit Knöllchen-Bakterien eine Symbiose einzugehen. Also zuerst Stickstoffsammler, welche den Boden mit Stickstoff anreichern ohne Düngung. Die genannten Stickstoffbakterien der Leguminosen finden sich an ihren Wurzeln als Schmarotzer, welche den Boden mit natürlichem Stickstoff versorgen. Hernach eignet sich der Boden für jede Getreide-Frucht, also auch für den Dinkel. Der Weizen nimmt den Bodenstickstoff weniger freudig auf als der Dinkel. Als drittes, nach dem Dinkel empfiehlt sich wegen der Nährstoffausnützung die Gerste. Bei Vierfrucht-folge-Bau soll nach der Gerste als viertes Hafer oder Roggen eingesät werden, weil diese relativ genügsam sind, bevor wieder mit Leguminosen begonnen wird. Oder man nimmt als 5. Frucht-Folge Hackfrüchte, Kartoffeln oder Rüben, um keine Boden-Nematoden zu riskieren.

Während die Leguminosen den Boden mit Stickstoff anreichern, entzieht der Dinkel den Stickstoff wieder opti-

mal. (Wäre es nicht denkbar, dass eine konstante Fruchtfolge Dinkel-Leguminosen, Dinkel-Leguminosen usw. eine
optimale Fruchtfolge ergäbe?)

Die Dinkelbauern vermuten allerdings, dass nach Dinkel
Gerste gesät werden soll wegen der spezifischen Nährstoff-
Ausnützung (Rücklieferung von Nährstoffen wie Nitrat,
Phosphat, Kali vom Boden an die Pflanze). Wahrscheinlich
braucht die Gerste weniger Stickstoff, dafür mehr Mine-
ralien, die der Dinkel übrig gelassen hat. Viele behaupten,
der Dinkel lässt im Boden mehr übrig als jedes andere
Getreide.

Wenn man sich in der Botanik auskennt, kann man eine
geeignete Dinkellandschaft sozusagen voraussagen. In der
Arbeit von Prof. Knoll findet sich folgender Satz: „Die
Tatsache, dass der Dinkel auf die grünlandreichen Gebiete
beschränkt ist und er immer dort stark vorkommt, wo an
Stelle des Glatthafers (in der benachbarten Wiese) der
Goldhafer auftritt und wo Luzerne von Esparsetten abgelöst
wird, (also in der Wiese Esparsetten statt Luzerne vorkommt), zeigt ganz deutlich, dass es sich bei den prädesti-
nierten Dinkelgebieten um ökologische Bedingtheiten handeln muss, die zwar noch nicht in einzelnen Komponenten
klar zutage liegen, in ihrer Auswirkung aber nicht abge-
leugnet werden können."

Wenn man also die Augen aufmacht und nicht kurzsich-
tig durch die Landschaft geht und zu einer wirklich natürlichen Landwirtschaft kommen will, dann gibt es dazu eine
sehr hübsche Darstellung des Japaners Fukuoka („Der grosse Weg hat kein Tor", Pala Verlag).

## EINE NICHTS-TU-LANDWIRTSCHAFT:

„Der Grund, dass die verbesserten Techniken des
Menschen nötig zu sein scheinen, ist der, dass das natürli-

che Gleichgewicht von den gleichen Techniken vorher so stark gestört worden ist, dass von ihnen das ganze Land abhängig wurde. Diese Gedankenkette lässt sich nicht nur auf die Landwirtschaft anwenden. Ärzte und Medizin sind notwendig, nachdem die Menschen eine krankhafte Umwelt erzeugt haben. Fast jeder denkt, dass Natur eine gute Sache ist. Aber wenige können den Unterschied zwischen natürlich und unnatürlich begreifen." Wenn man also die Natur gut beobachtet, kann man in vielen Fällen ohne künstliche Nachhilfen auskommen, welche wie jeder künstliche Eingriff, erst nach bösen Erfahrungen durch einen weiteren künstlichen Eingriff korrigiert werden muss.

## SAATGUT

Zur Aussaat nimmt man nur die Elite. Und nicht von den schlechtesten Böden, auch nicht die Saat von mageren Böden. Und selbstverständlich muss die *Dinkelsorte rein* sein, d.h. frei von Gen-Manipulationen!

In Zeiten, wo noch keine Gen-Manipulation vorgenommen wurde, also sicher vor 1980, wurden in Deutschland hauptsächlich folgende Sorten angebaut:

*Altgold – Rotkorn, Neuegg – Weisskorn, Bauländer Spelz, Roter Tiroler.* Schweizer Sorten sind *Oberkulmer Rotkorn* und *Roter Tiroler. Ostro* ist eine Kreuzung aus beiden Dinkelsorten. Diese Sorten wurden in der Schweiz subventioniert.

Daneben gibt es viele Hofsorten als Selbstzüchtungen, wobei zu bemerken ist, dass das „intelligente" Dinkelgetreide an den Standort sich anpasst, (vergleiche ‚Düngung') und die Einführung neuer Sorten nicht immer zweckmässig ist, weil diese Sorten erst einige Zeit zur Akklimatisierung brauchen. Die Sorte Bauländer Spelz nimmt man zur Gewinnung von

*Grünkern.* Seit einigen Jahrhunderten hat das sogenannte Bauland im Norden Baden-Württembergs durch die Grünkern-Industrie eine relativ sichere Abnahme-Garantie durch die Grünkernliebhaber.

Die wertvolle genetische *Urreserve* des Dinkelgetreides gibt es heute fast nur noch als Landsorten der Selbst-Anbauer, während die grossen Handelssorten sowohl in der Schweiz als auch in Deutschland durch Einkreuzungen meist verdorben sind. (Durch die Sorten Roquien, Hercule, Hubel und Lueg). Bei der Sorte ‚Schwabenkorn' bestehen grosse Unischerheiten. Es scheint ein Ur-Schwabenkorn gegeben zu haben, welches doch in jüngster Zeit durch Gen-Manipulation für den Öko-Anbau verdorben worden ist. Man muss also sehr gut darauf achten, woher man sein Saatgut bezieht! Angeblich kann man durch Eiweiss-Analysen die Einkreuzung von Weizen nachweisen. Auch ist im Erscheinungsbild (verkürzter Halm, andere Vegetationsperioden, Geschmack) für den Kenner der Unterschied zwischen echtem und gekreuztem Dinkel hoffentlich feststellbar.

Der eingekreuzte Dinkel – soweit man überhaupt noch von Dinkel sprechen kann – liefert zwar höhere Erträge, benötigt aber die Kunstdüngergaben und Herbizide, also gerade das, was man durch den Dinkelanbau vermeiden will. Die letzte Information (Biofachmesse Frankfurt/M. März 1996) lautet dahin, dass bis über 80% des Dinkelanbaues in Deutschland aus genmanipulierten Sorten bestehen soll. Also Vorsicht! Wählt nur Dinkel aus garantiert alten Landsorten! Die natürliche, genetisch verankerte Resistenz der alten Landsorten ist für den Landwirt immer noch die beste und billigste Pflanzenschutzmassnahme. Die gleichen Eigenschaften wie der Dinkel: Frost- Dürre- und Pilzresistenz haben auch die übrigen Speltsorten *Einkorn* und *Emmer*. Der Dinkel hat eine verkürzte Vegetationszeit gegenüber dem Weizen, kann also später gesät werden und wurde im gleichen Anbaugebiet trotzdem 8-14 Tage vor dem Weizen geerntet. (Moderne Weizensorten haben heute jedoch die gleiche Erntezeit.)

## SAATZEIT

„Der Dinkel ist in der Aussaat (Herbst) sehr unempfindlich und wächst in der Ernte nicht so leicht aus. Gerade in rauhen Gegenden kann der Dinkel später ausgesät werden. Es besteht wenig Auswinterungsgefahr, weil die Grundbestockung eine Art Decke über das Wurzelgebiet breitet und vor Frost und Verunkrautung schützt (Starke Bestockung). Die grössere Widerstandsfähigkeit gegen Spätfröste und Kälterückschläge im Frühjahr, besonders in der Blütezeit, zeichnen den Dinkel gegenüber dem Weizen aus. So kann es vorkommen, dass bei ungünstiger Witterung 36% oder mehr der Weizenanbaufläche, 10% der Roggen- aber nur 0,8% der Dinkelanbaufläche wegen Auswinterung umgebrochen werden müssen." (Prof. Knoll).

Im Allgemeinen wird bei der Aussaat keine Rücksicht auf die Mondphasen genommen. Nach den Angaben bei Hildegard sind die Fruchterträge bei Aussaat im abnehmenden Mond höher. Versuche haben ergeben, dass eine Aussaat 2 Tage vor Vollmond grössere Pflanzen ergab als 2 Tage nach Vollmond. Die Pflanzengrösse geht aber nicht mit der Korngrösse parallel. (Eysenck & Nias, Astrologie, Wissenschaft oder Aberglaube.)

Im Anhang zu derartigen Erfahrungen mit Dinkel-Aussaat möchten wir hier noch eine Angabe aus dem Hildegard-Lehrbuch der Medizin bringen, welche noch nie nachgeprüft wurde. Wenn diese Angaben stimmen, (woran wir eigentlich nicht zweifeln), würden sie alle bisherigen Erfahrungen in den Schatten stellen. Denn bei Hildegard heisst es:

„Wenn man im zunehmenden Mond Getreide sät, wird es sehr wachstumsfreudig, aber ergibt weniger Frucht. Wenn man im abnehmenden Mond sät wird der Wuchs weniger kräftig ausfallen, aber der Fruchtertrag höher sein."

Etwas Ähnliches und vielleicht noch Interessanteres gilt von der Erntezeit:

„Wenn man für die Neu-Aussaat ernten will, soll man im abnehmenden Mond ernten, weil dann dieses Getreide bei der neuen Aussaat sich kräftig und fruchtbar entwickelt. Das Gegenteil ist bei der Ernte im zunehmenden Mond der Fall."

„Das für den Verbrauch bestimmte Getreide ist ertragreicher, wenn es geerntet wird im zunehmenden Mond. Für den Ernte-Ertrag ist das im zunehmenden Mond geschnittene Getreide ergiebiger.

Die Haltbarkeit des Getreides ist besser, wenn es im abnehmenden Mond geschnitten wird." (Hildegard)

Es wäre zu testen, ob ein regelmässig im abnehmenden Mond geerntetes Getreide nach einigen Fruchtfolgen sich gegenüber anderen Getreiden überlegen erweist, bei welchen auf den Mondstand keine Rücksicht genommen wird.


## KLIMA und DINKELFORSCHUNG

Vor dem zweiten Weltkrieg wurde in Deutschland relativ viel Dinkelforschung betrieben. Wir bringen aus der Literatur dieser Zeit einige Auszüge, welche sich zum Teil inhaltlich wiederholen und überschneiden. Wir sehen das nicht als Mangel an sondern als Vorteil, weil der Leser dadurch am besten in die Problematik eingeführt wird.

Württembergische Ackerbauschule Ochsenhausen, Kreh, 1937 (aus Briefen).

„Insgesamt ist der Dinkel überhaupt robuster als der Weizen ... und kann ohne Bedenken alle 3 Jahre (auf dem gleichen Feld) angebaut werden. Man kann ihn überreif werden lassen, während der Weizen ausfällt. Wenn die Dinkelbauern versuchsweise Weizen ansäen, dann behandeln sie ihn häufig wie den Dinkel und erhalten dann eine feuchte Frucht und ein schlechtes Mehl und kehren schon deshalb wieder zum Dinkelbau zurück. Ganz abgesehen davon, dass der Weizen eine gründlichere Bodenbearbeitung, eine reichlichere Düngung und Pflege und eine sorgfältigere Ernte als der Dinkel erfordert. Wo jedoch die Bodenverhältnisse Intensivierung nicht zulassen und eine höhere Düngung mangels Niederschlägen nicht möglich ist, hat es keinen Sinn Weizen anbauen zu wollen.

Ganz allgemein wird der Dinkel von den Bauern wegen seiner Anspruchslosigkeit sehr geschätzt. Dazu kommt, dass er bei der Ernte unkrautfrei ist und trocken gemäht und dann sofort eingeführt werden kann. Das Korn leidet bei der Lagerung nicht ‚not' und auch auf dem Boden liegend macht es keine Sorge. Es wächst kaum aus.

Dabei ist das Dinkel- oder Kernmehl sehr geschätzt wegen seines langen zähen Teiges für besondere Gebäcke und die bekannten Spätzle. Diese Überlegenheit des Dinkelmehles kann allerdings durch die bisherigen Untersuchungen (Kleber per Hektoliter Gewicht, Quellzahl und dergleichen) noch nicht nachgewiesen werden."

Aus einem Brief an Prof. Knoll:
„Ich berichte Ihnen am besten über meine Erfahrungen: In meiner Lehrzeit brachen in einem nassen Jahr bei der Lagerung der Schwaden am Boden die Ährchen so stark ab,

dass wir fast nur Stroh einführten. Nach Verbesserung der Ernte-Methoden kommt das nicht vor. In die enggeschlossenen Spelzen *dringt Regenwasser kaum ein.* Die Gefahr des Auswuchses ist gering. Nicht genügend trockener Dinkel liegt nach dem Dreschen auf dem Schüttboden locker und leidet weniger als der Weizen.

Ich kann deshalb meine Erfahrungen dahin zusammenfassen, dass der Dinkel da infrage kommt, wo äussere Ertragshöhen durch stärkere Düngung *nicht* angestrebt und nicht sicher erreicht werden.

Auf der Alb, Schwarzwald und ähnlichen Lagen wird er aber eine gleichmässige Qualität und Ertrag bringen. Da halte ich den Dinkelanbau als den Verhältnissen entsprechend für zweckmässig, ja, unter Umständen für notwendig.

Darüber, weshalb sich der Dinkel in der Backnanger Gegend und im Neckartal so zähe hält (wahrscheinlich ist der Weizen dort ertragreicher) habe ich mir oft Gedanken gemacht und komme zu dem Schluss, dass der

– Dinkel in der Aussaat sehr unempfindlich ist,
– In der Ernte nicht leicht auswächst,
– Mit dem Flegel gedroschen werden kann,
– Auf dem Schüttboden und in der Scheune nicht so schnell verdirbt.
– Bei einigermassen guter Behandlung ein Mehl gibt, das aus dem Weizen nicht in gleicher Güte gewonnen werden kann.

Unser kleiner Bauer sieht nicht jedes Brot als ein Brot an, sondern will etwas Extriges (Besonderes) haben!

Der Dinkelanbau wurde in den schlechten Jahren 1930-1933 besonders wieder aufgenommen als anspruchslose und doch ziemlich sichere Getreideart. Dabei ist der Dinkel sehr winterfest. Ganz allgemein wird der Dinkel von den Bauern wegen dieser Eigenschaften sehr geschätzt…"
Ochsenhausen 1937.

Aus einer Dissertation von G. Bauer:

„Dank seiner Eigenschaften steht der Dinkel zwischen Roggen und Weizen und Engelbrecht hat schon die scharfsinnige Bemerkung gemacht, dass das Haupverbreitungsgebiet des Spelzgetreides auf der Grenzlinie zwischen der Roggen- und Weizenregion sich befindet.

Wir werden also für eine Weiterverbreitung des Dinkels solche Landstriche ins Auge fassen, die zu rauh und zu leicht für Weizen und zu schwer für Roggen sind, oder zu sehr unter Spätfrost leiden und so Roggenanbau unmöglich machen. In solchen Gegenden, die wohl auch in Deutschland nicht fehlen, kann die Einführung der Dinkelkultur zur Hebung des Ertrages wesentlich beitragen. Ausser Deutschland werden in erster Linie die Anbaugebiete der anderen Spelzgetreidesorten Emmer und Einkorn die südslawischen Balkanländer und das mittlere Russland sein, die von der Einführung der Dinkelkultur Nutzen ziehen könnten. Hier müsste die Einführung des Dinkelgetreides infolge der bereits vorhandenen Mühleneinrichtungen und der grossen Ähnlichkeit von infragekommenden Fruchtarten (Emmer, Einkorn) verhältnismässig leicht zu bewerkstelligen sein…

Da alle diese Gebiete noch auf ziemlich extensiver Stufe stehen, wäre aus diesem Grunde der Dinkel eine für sie geeignete Frucht. Auch hier könnte die Einführung der Dinkelkultur in rauhen, nicht weizenfähigen Lagen die Entscheidung bringen. Wenn aber nicht öffentliche Organe diese Sache in die Hand nehmen, dauert es wohl besonders in extensiven Gegenden noch lange, bis sich der Dinkelkultur der Weg in weitere Gebiete eröffnet.”

Stör, Tettnang, schreibt (1937) :

„Unter ungünstigen Verhältnissen ist der Dinkel sicherer im Ertrag in unseren Lagen (Tettnang, Bodensee). Mit über

1000 mm Regen im Jahr ist die Bestockung und der Bestand der Dinkelfelder unter allen Verhältnissen besser und dichter und daher die Gefahr der Verunkrautung nicht so schwer wie bei schlechtem Weizenstand. Eine Abschaffung des Dinkels halte ich für ganz unzweckmässig und ohne Zwang auch nicht für möglich."

Aus dem Erzgebirge, Annaberg, (1938):
„Was die Anbauwürdigkeit anbelangt, so ist der Dinkel meiner Auffassung nach dort berechtigt, wo der Roggen infolge langanhaltender Schneebedeckung ausfault oder trotz Beizens an Schneeschimmel zugrunde geht und der Weizenertrag wegen Auswinterns sehr unsicher ist.

Die wichtigen Dinkel-Gebiete liegen zwischen 600-900 m Höhe bei durchschnittlicher Jahres-Temperatur von 5-6 Grad, mit einer Niederschlagshöhe von 800-1200 mm auf meist schweren, tonigen oder flachgründigen steinigen Böden. Auf Sandboden gedeiht er weniger gut."

Rottweil, (1937):
„In höheren Lagen über 600 m wird der Weizenanbau besonders in Jahren mit wenig Sonne und hohen Niederschlägen recht unsicher und wenn die kleinen Landwirte des hiesigen Bezirkes im Erntejahr 1936 keinen Dinkel angebaut hätten, wären dieselben recht knapp an Brotgetreide. Der Dinkelkernen war auch dieses Jahr trotz der ungünstigen Witterung ziemlich voll entwickelt und ausgereift, während der Weizen aller Sorten meist nur Schrumpfkorn brachte. Gewöhnlich nimmt man an, dass der Dinkel 70% Kernen liefert. Dies stimmt keinesfalls. Eine Feststellunmg anlässlich einer Getreideschau in Horb/Württemberg brachte Kernprozente über 75 von Hundert. Besonders in schlechten Erntejahren (1936) stellten wir Kernprozente in dieser Höhe fest. Auch die Landes-Saatzuchtanstalt

Weihenstephan hat 1936 ebenfalls 75 von 100 Kernen beim Dinkel festgestellt.

Was der Roggenbau des Ostens ist, ist der Dinkel für die Höhenlagen des deutschen Südens. Ein Dinkelanbau-Verbot würde sicher mit erheblichem Kopfschütteln aufgenommen werden."

Fischer, Waldsee/ Württemberg. (1937):
„Aus einer statistischen Zusammenstellung kann man entnehmen, dass der Anbau von Winterweizen bisher immer grossen Schwankungen unterworfen gewesen ist. Auf günstige Weizenjahre folgen unter den gegebenen Verhältnissen (klimatischen) meistens ungünstige Weizenjahre, weshalb dann immer der Dinkel stärker zum Anbau kommt. Ein Hauptgrund, warum der Dinkel vom Winterweizen nicht verdrängt werden kann liegt darin, dass bei der vorherrschenden 6 – Felderwirtschaft und der späten Ernte und der verhältnismässig frühzeitigen Saat es sehr schwer fällt, für den Weizen ein derartig gefestigtes Saatbett zu bekommen, wie er es liebt.

Das aus dem Dinkel gewonnene Mehl wird von den Bauern zu einem grossen Teil bevorzugt.

Da in der Erntezeit vielfach ungünstige Witterung herrscht, ist das Trocknen des Weizens relativ schwieriger als das des locker-ährigen Dinkels. Die starke Propaganda, die allenthalben für Winterweizen einsetzte, brachte es mit sich, dass in den letzten Jahren mehr Winterweizen angebaut wurde. Es ist aber fraglich, ob diese ansteigende Tendenz beibehalten werden kann. Die heute noch zum Anbau kommenden Weizenarten werden ja zum Grossteil nicht mehr zum Anbau empfohlen und die infragekommenden intensiven Weizen werden unter den gegebenen klimatischen Verhältnissen nicht den gewünschten Erfolg haben."

Ulrich Steiner, Laupheim/ Württemberg, (1937):
„Die niedrigen Erträge können aus der Kriegszeit 1914-18 mit ihrem Notbetrieb erklärt werden. Von da an liegen die Unterschiede lediglich in der verschiedenen Jahreswitterung. Die Jahre mit ausgezeichnet hohen Dinkelerträgen zeichnen sich auf jeden Fall durch trockene Hitze und viele Sonnentage aus. Angebaut wurde der Dinkel meist nach Klee oder Leguminosen – 1/3 nach Rüben. Der Ertrag nach Rüben war trotz Stickstoffdüngung (eben deswegen, Anm.Red.) bedeutend geringer, während nach anderen Vorfruchtarten immer nur Phosphor und Kali gegeben wurde.

Die Vorteile des Dinkelanbaues sind spätere Aussaat gerade in rauheren Gegenden mit kürzerer Vegetationsperiode und geringe, ja beinahe nicht vorhandene Auswinterungsgefahr. Starke Bestockung. Bedeutend grössere Widerstandsfähigkeit gegen Spätfröste und Kälterückschläge, insbesondere in der Blüte. Das Jahr 1936 war dafür typisch. Während beim Weizen in unserer Gegend eine Missernte festgestellt werden musste, brachte der Dinkel immerhin noch pro Morgen 20 Zentner, bei Lagerung meist keine platte Lagerung, sondern mehr eine starke Neigung, so dass oft noch Maschinenmahd möglich war.

Der Dinkel liefert bedeutend höhere Stroh-Erträge als der Weizen, was für die Bauern mit starker Viehhaltung wichtig ist, wobei der Dinkel an Qualität das Haferstroh noch übertrifft."

Prof. Knoll (1937):
(Landwirtschaftliche Hochschule der Universität Leipzig).
„Im Württembergischen Oberamt Saulgau und Biberach, wo die Niederschläge etwas zunehmen, konnte der Dinkel nicht ganz verdrängt werden. Der Viehwirtschaft wegen

ändert man auch manchmal die Fruchtfolgen zugunsten eines grösseren Kleeanteiles an der Ackerfläche (5 – jährige Rotation des Rotklees).

In der Richtung Bodensee ist das Klima günstiger, obwohl die Niederschläge ansteigen. In diesem Falle konnte der Weizen den Dinkel verdrängen.

Ausschlaggebend für den Dinkelanbau sind die ökologischen Verhältnisse. In den höheren Lagen ist der Dinkel sicher, weil er weniger auswintert und weniger vom Rost befallen wird. Die geringeren Höhenlagen wirken sich in einer höheren Jahrestemperatur aus und damit in stärkerem Weizenanbau. In sämtlichen Gebieten, die eine durchschnittliche Jahrestemperatur unter 7 Grad aufweisen, nimmt der Dinkel 50-90 % der Wintergetreidefläche ein. Die Weizengebiete hingegen haben einen Jahresdurchschnitt von 7-9 Grad und darüber.

Wo der Schnee länger als 100 Tage liegen bleibt, gehen (nach der Erfahrung der Bauern) Weizen und Roggen zugrunde, während der Dinkel keinen Schaden leidet. Ein solches Risiko kann sich der kleine Bauer nicht leisten. Er gibt sich daher mit der geringeren aber gleichmässig sicheren Ernte des Dinkels zufrieden.

Der grösste Vorzug des Dinkels liegt in der Widerstandsfähigkeit gegen Rost und Brand und in der grossen Winterhärte. Diese Eigenschaften verleihen ihm eine grosse Ertragssicherheit, welche in vielen Gebieten den Ausschlag gibt. Dies ist allerdings nicht überall der Fall. Der Dinkel wird vom Gelbrost und Brand nur wenig befallen und ist gegen den Schwarzrost, der in Süddeutschland innerhalb weniger Tage 50% der Weizenernte vernichten kann, ziemlich resistent. Der Dinkel besitzt eine sehr starke Widerstandsfähigkeit gegen den Gelbrost, in den seltensten Fällen überhaupt gibt es einen merklichen Befall. Dieses Jahr

(1937) war das einzige mit stärkerem Befall. Der Schwarzrost tritt so spät auf, dass dieser keine grössere Einwirkung
auf den Dinkelertrag hat.

In Gebieten mit hohen Niederschlägen wird der Dinkel
dem Weizen vorgezogen, weil er im Gegensatz zu diesem
den Acker unkrautrein hinterlässt. Er entwickelt sich im
Frühjahr viel zeitiger als der Weizen und ist bereits ,zwei
Fäuste' hoch geworden, bevor das Unkraut zu wachsen
beginnt. Der Bestand schliesst sich so zeitig, dass das Über-
handnehmen des Unkrautes verhindert wird. Der Weizen
entwickelt sich in diesen Graswuchs- und Unkrautwuchs-
Lagen zu spät, so dass die Weizenschläge stark verunkrau-
ten. Da die Bodenbearbeitung und Unkrautbekämpfung mit
der Egge in diesen Gebieten auch etwas erschwert ist –
infolge der häufigen Niederschläge –, so ist das vielfach mit
ein Grund, der den Bauern bestimmt, den Dinkelanbau bei-
zubehalten.

Die auffallende Erscheinung eines verhältnismässig starken Dinkelanbaues auf den an sich fruchtbaren Filder-
Ebenen in der nächsten Nähe von Stuttgart lässt sich
vorwiegend durch den ausgedehnten Filder-Krautbau erklären. Das Filderkraut räumt spät das Feld, je nach Absatz und
Marktlage oft erst im November. Für den Weizenanbau ist
es dann zu spät. Dagegen verträgt der Dinkel eine späte Saat
und eine weniger sorgfältige Bodenbearbeitung ohne jeden
Nachteil.

Dasselbe gilt für Gegenden mit kurzer Vegetationszeit,
wie z.B. im Allgäu. Der Albbauer kann dem Weizen häufig
nicht das Feld zur Verfügung stellen, das der Weizen
braucht, da er es nicht genügend bearbeiten kann, weniger
intensiv düngt oder die Bodenverhältnisse von Natur aus
nicht günstig sind. So wächst z.B. auf den flachgründigen
Böden der Alb (die häufig nur eine Krume von 10-12 cm

aufweisen) kein Weizen. Der Dinkel bringt aber noch eine sichere, mittelmässige Ernte."

Wir möchten zum Schluss den wirklichen Grund angeben, der den Dinkelanbau benachteiligt: „Der Dinkel ist dem Produktions-Fimmel zum Opfer gefallen" sagt Munzinger.

## DÜNGUNG und UNKRAUTBEKÄMPFUNG

„*Spelz* kann auch in frischen Stalldünger angebaut werden. Weizen hingegen hat kein besonders günstiges Aneignungsvermögen für Nährstoffe und liebt keinen frischen Stallmist, hingegen ist er sehr dankbar für künstliche Düngungsmittel."

(Aus: *Getreidearten* von Martin Jokusch, Universität Leipzig, *vor* dem ersten Weltkrieg).

Dass Obiges noch heute gilt, erfahren wir von unserm Dinkelbauern:

„Der Dinkel dankt uns auch für eine (verdünnte) Güllegabe zu einem relativ späten Zeitpunkt. Dieser sollte während dem Schossen (wenn das massive Wachtum im Halm beginnt) gewählt werden. Damit kann man den Eiweissgehalt und die Qualität des Kornes erhöhen, was sich später auch auf die Backeigenschaften auswirkt. Jeder Bauer sollte je nach seiner Bodenqualität die Menge der Düngung selbst herausfinden. Die Gülle hat auch noch einen zweiten Vorteil, denn sie wirkt fungicid. (Fungicide sind Mittel gegen Pilzkrankheiten).

Ganz allgemein sollte man den Dinkel in seiner Genügsamkeit akzeptieren, das bedeutet, dass die auf einem Hof befindlichen Düngemittel wie Gülle, Stallmist und Kompost absolut ausreichen. Wenn wir anfangen, mit künstlichen Mitteln zu düngen, können wir gewiss den Ertrag steigern, aber wir setzen einen Teufelskreis in Gang. Der Kunstdünger vergrössert die einzelnen Pflanzenzellen vom Halm bis zum Blatt und der Ähre, zum Schaden der Qualität. Die Zellwände werden dünner und empfänglicher für Pilzkrankheiten. Jetzt brauchen wir Pflanzenschutzmittel und der Teufelskreis schliesst sich. Chemisch behandelter Dinkel, mit Rückständen in der Pflanze, macht das Produkt ungeeignet als Lebensmittel und insbesondere für Heilzwecke.

Es ist interessant, den Dinkel in seinen verschiedenen Wachstumsperioden zu beobachten. Er ist gefährdet wie alle anderen Getreidearten, aber er reagiert schnell und heilt sich selbst (z.B. Mehltau und Pilzkrankheiten). Und genau diese Eigenschaft verliert der Dinkel durch Anwendung von Kunstdünger und Pflanzenschutzmittel. Den Grund hierfür habe ich noch nicht erfasst – es sind zwei ganz verschiedene Welten.

Die Spelzhülle schliesst das Korn so perfekt ein, dass sie es gleichzeitig konserviert. Bei Lagerung in den Spelzen ist Dinkel unbegrenzt haltbar, und auch die Keimfähigkeit. Dieses findet man bei keiner anderen Getreideart. Bis zum Keimen hat der Dinkel durch die Spelzschalen auch einen vollständigen Schutz in der Erde.

Vitamine, Enzyme etc. befinden sich beim Weizen und anderen Getreidearten unter der Schale, aber nicht beim Dinkel, wo diese und die Spurenelemente sich auch im weissen Mehlkern befinden. Die den Kern umgebende Haut ist sehr dünn, durchlässig und leichtverdaulich.

Unter anderem ist der Silicium-Gehalt im Dinkel höher als in allen anderen Getreidearten. Das ist wichtig für die Zellinformation im Körper, aber vor allem für die Information in den Nervenbahnen." Helmut Müller, Allensbach

„Man muss unterscheiden zwischen Düngergaben beim Anbau und Düngergaben im Verlauf des Wachstums. Meist wird in den wissenschaftlichen Angaben zwischen den beiden nicht unterschieden. Nur aus dem Zusammenhang kann man annehmen, ob es sich um den einen oder anderen Düngungsvorgang handelt. Wir meinen bei diesem Kapitel nur Düngung bzw. Nachdüngung im Laufe des Wachstums. Hohe Düngergaben führen bei alten Dinkel-Landsorten oft zu Lagergetreide. Die Halme vermögen die Ähren dann nicht mehr zu tragen und liegen sodann zu Boden. Werden sie jedoch artgemäss angebaut, sind sie sehr resistent gegen sonst gefürchtete Getreidekrankheiten, Schädlinge und Klima-Einflüsse.

In der heutigen Getreideproduktion wusste man sich aber zu helfen und verwendete das giftige Halmverkürzungsmittel Chlor-Cholin-Fluorit. Auf diese Weise erträgt der Dinkel höhere Düngergaben und liefert gute Erträge, wird aber anfälliger für verschiedene Krankheiten. Das zieht mit grosser Wahrscheinlichkeit Pestiziden-Einsätze nach sich. Mit der Anwendung eines chemischen Hilfsstoffes zerstört man die Harmonie der Pflanzen mit ihrer Umwelt und gerät somit in einen Hexenkessel, in dem ein Gifteinsatz den nächsten nach sich zieht. Alle diese Eingriffe gehen sicher nicht spurlos am Dinkel vorüber. Es ist deshalb wichtig, dass dieses bewährte Getreide auf gesunden Böden ohne Einsatz von chemischen Hilfsmitteln und Kunstdünger weiter angebaut wird, damit seine guten Eigenschaften erhalten bleiben." Kristina Kölla-Senn, Dipl. Ing. agr. ETH 1984.

## Beiträge zur CHEMISCHEN DÜNGUNG und ihren Folgen für den DINKEL-ANBAU (aus der Forschung nach 1950)

„Vom Dinkel werden eine allgemeine Robustheit, gute Winterhärte, Krankheitsresistenz und Selbstverträglichkeit überliefert...

Wir haben es beim Dinkel mit einer Kulturart zu tun, die speziell für unsere Zeit ökologische Vorteile bringt. Das hohe Stickstoff-Aneignungsvermögen verspricht auch bei niedrigen Stickstoffdüngergaben genügend hohen Ertrag und lässt Dinkel für die problematischen Wasserschutzgebiete hinsichtlich der Nitrit-Auswaschung als geeignetes Getreide erscheinen. Allein die Stand-Schwäche verhindert eine höhere Stickstoffdüngung. Mit wesentlich geringeren Stickstoffmengen sind Erträge zu erreichen, die regionsbezogen bei derzeitigen Getreidepreis-Gefüge mindestens vergleichbare Deckungsbeiträge erzielen lassen wie mit Weizen. Das feste Spelzgefüge bietet gegenüber Ährenkrankheiten für das Korn einen besonderen Schutz, so dass aus Qualitätsgründen auf eine Ährenbehandlung verzichtet werden kann, welche als eine der kritischsten Pflanzenbehandlungs-Massnahmen betrachtet werden muss.

Die Spelzen bieten dem Saatkorn im Boden einen umfassenden Schutz, der eine Beizung überflüssig werden lässt. Eine Ausnahme bilden nur die Gebiete, in denen Zwerg-Steinbrandgefahr herrscht.

Schon bald wurde begonnen, das gesamte Züchtmaterial künstlich mit Mehltau, Gelbrost und Braunrost und Septoria zu infizieren… um damit Selektion auf resistente Sorten zu erhalten. In Bezug auf die Resistenz gegen Septoria auf der Ähre weist der Dinkel sehr gute Eigenschaften auf."

Eidgenössische Forschungsanstalt, Zürich,1988.

Dr. Hans Winzeler

Wir finden diese Vorgehensweise skandalös und fürchten, dass auf diese Weise möglicherweise sogar künstliche Keimanfälligkeit angezüchtet wird.

Diesen ganzen Rattenschwanz von Problemen hatte und

hat die Dinkelkultur nicht. „Der Dinkel ist nicht nur weniger anfällig für Rost und Brand, er hat auch weniger tierische und pflanzliche Feinde." (G. Baur, Trugenhofen).

„Starke Stickstoffgaben verzögern die Reife bei Getreide und wirken vor allem ungünstig auf die Qualität der Früchte, deren Geschmack und Haltbarkeit sehr stark be einträchtigt werden. Alle erwähnten Düngungsarten mit den Hauptnährstoffen wirken auf den Eiweissgehalt der Pflanzen ein.

Die Beeinträchtigung der Kleber-Eigenschaften (für den Bäcker) erfolgt dadurch, dass der Ertrag durch die Düngung gesteigert wird. Der Landwirt erzielt wohl eine grössere Menge Getreide, aber der Bäcker kann seine Kundschaft mit dem unansehnlichen Gebäck nicht zufrieden stellen. Die Chemie, die dem Landwirt geholfen hat, hilft auch dem Bäcker, trotzdem lockere Brötchen zu backen. Den fehlenden Kleber kann sie allerdings nicht ersetzen, aber es genügen geringe Mengen bestimmter zugeführter anorganischer Salze mit oxidierender Wirkung (Amonium und Kalium-Persulfate), um die Backfähigkeit zu erhöhen… Die geringe Geschmackhaftigkeit unseres Brotes ist auf die künstliche Vergrösserung des Gebäcks mit den genannten Chemikalien zurückzuführen.

In einer Müller-Zeitung stand vor kurzem, warum denn das Gebäck nach wenigen Tagen einen so strohigen Geschmack aufweist. Von anderer Seite fragt man, warum das Brot nicht mehr richtig sättigt, oder warum der Kuchen wie Schaum und Luft im Mund zergeht und kein Sättigungsgefühl hervorruft? Oder warum er so gummiartig schmeckt?

Alle diese Fragen sind damit zu beantworten, dass die Chemikalien, wenn die zugesetzten Mengen auch noch so gering anmuten, keinen Kleber in das Gebäck hineinbringen können. Der Kleber aber ist es, der durch sein Eiweiss die Sättigung und die Frischhaltung bewirkt und der den Wohlgeschmack und die Vollmundigkeit der Backwaren verursacht. Der Durst (nach Chemiebrot) ist darauf zurückzuführen, dass zuviel Salz in das Brot geschüttet wird, dass chloriertes Wasser zum Backen verwendet wird und nicht zuletzt auf die zugesetzten Bleich- und Mehlbehandlungsmittel.

Die überreiche Versorgung mit Kunstdüngemitteln überschüttet den Boden mit Salzen aller Art. Diese Salze werden von der Pflanze aufgenommen und in den Blättern und Früchten abgelagert. Der Ertrag wird zwar vergrössert, verliert aber an Würze und Aroma, die den Wohlgeschmack bei allen Früchten bedingen. Herbicide-Stoffe, die zur Unkrautbekämpfung verwendet werden, haben in Norddeutschland Schäden am Getreide bewirkt. Von den Sommergetreiden zeigte der Hafer die grösste Empfindlichkeit, die Gerste die geringste…

Unkraut-Bekämpfungsmittel und Pflanzenschutzmittel wirken auf die Bodenkrümelung ungünstig. Zur Verbesserung der Bodenstruktur wurden von der britischen Versuchsanstalt mit einem amerikanischen sogenannten Bodenverbesserer Versuche durchgeführt, die aber enttäuschend ausfielen. Die Zuführung auch eines indifferenten Stoffes im Boden (Krilium) ist bezeichnend für das, was dem Boden heute zugemutet wird. Es werden dem Boden unverdauliche und schädliche Stoffe dargeboten und dann wundert man sich, wie die Schädlinge überhand nehmen…

Unser Streben sollte darauf gerichtet sein, naturgemässe Verfahren  anzuwenden und nach der Güte, nicht aber nach der Menge zu fragen!"
HIPPOKRATES 1954, Heft 15 (S.478 ff) Elisabeth Tornow.

All diesen Gefahren geht man aus dem Weg, wenn man statt des düngungspflichtigen Weizens den Dinkel einsetzt, welcher kaum Dünger erwartet.

## ZUR GESCHICHTE DER CHEMIE- DÜNGUNG

Wie es zum Kunstdünger kam und welche Kette von immer neuen Schädigungen durch den gestörten Natur-Rythmus sich ergaben und durch immer wieder neue Chemie bzw. Genmanipulation „ausgeglichen" werden mussten, ergibt sich aus dem folgenden Aufsatz:

„Der englische Bevölkerungs-Politiker Malthus tat unter der damaligen katastrophalen Ernährungslage in England um die Wende des 18. zum 19. Jahrhunderts den Ausspruch: Für einen neugeborenen Menschen könne es in einem schon übervölkerten Land keinen gedeckten Tisch mehr geben als seinen Anteil an dem grossen Gastmahl der Natur.

Da war nun der deutsche Chemiker Justus v.Liebig der erste, der feststellte, dass reine Stallmistdüngung keinen vollen Ersatz für die dem Boden durch die jährlichen Ernten entzogenen Pflanzen-Nährstoffe gewährleistet, sondern dass hier eine Zufuhr von anorganischen Düngemitteln nötig sei! Alles andere sei Raubbau und führe zu weiterer Senkung der Bodenfruchtbarkeit. (Unterdessen haben der biologisch-dynamische Landbau und Fukuoka in Japan das Gegenteil bewiesen).

Mit dieser Liebigschen Lehre brach um die Mitte des vorigen Jahrhunderts zunächst in Deutschland, dann in der ganzen Welt, ein neues Zeitalter an, in dem die exakten Naturwissenschaften das Diktat in der Landwirtschaftslehre übernahmen... Damals bürgerte sich die Bezeichnung „Kunstdünger" ein, die heute in der Landwirtschaft kaum mehr gebraucht wird, sondern durch das Wort „Handels-

dünger" bzw. das wohlklingendere Wort „Mineraldünger"
abgelöst wird. Diese sollen ein Ersatz sein für die Ver-
witterungsprodukte der Ackererde, die aber bereits durch
die jahrtausendealte Bodenbewirtschaftung verbraucht
sind."

Aus: Die HEILKUNST 1969/ 7, S.205ff,
von Prof. Dr. E. Mayr.

„Nach einem Merkblatt der Grossmühlen in Deutschland
wird entsprechend dem Entwicklungsstadium der Getreide
28 mal chemischer Einsatz im Laufe des Wachstums ange-
wendet. (Basf, Ciba, Bayer, Shell). Es wird gedüngt beim
Austritt der Keimscheibe, dann kommen dreimal
Düngungen als Wachstumsregeler, 6 Chemiegaben als
Fungicide, 2 als Insektizide, 12 als Herbizide und schliesslich viermal zur Reifungsbeschleunigung bzw. -verbesser-
ung. Das gilt vor allem für den Weizen, wird aber auch für
die modernen Dinkel/Weizenkreuzungen (Roqien, Hercule,
Hubel, Lueg) in Betracht gezogen.

Die Anwendung leicht löslicher Stickstoff-Mineral-
dünger ist im biologischen Landbau nicht erlaubt. Es muss
deshalb versucht werden, Lagerung, Krankheiten und
Schädlinge durch traditionelle Massnahmen zu mindern."
Universität Hohenheim, Dinkelkolloquium1985 und1992.

Der Wegfall von Kunstdünger beim Dinkelanbau hat grosse
Vorteile. Wie schädlich und eingreifend in die Naturge-
gebenheiten Düngung sein kann, geht aus folgendem hervor:

*Eiweiss-Kleber im Dinkel:* „Starke phosphorsaure Dün-
gung macht sich (z.B. bei Gerste) in einer Herabsetzung des
Eiweissgehaltes bemerkbar. Diese Tatsache wird beim
Anbau der Brau-Gerste ausgewertet...

Die Senkung des Eiweissgehaltes durch Phosphorsäure

bewirkt durch Verminderung des Klebers einen Rückgang des Gebäck-Volumens... Durch Phosphorsäure-Gaben auf schwerem Boden bei reichlicher Wasserzufuhr (siehe Klima) wandelt sich ein grosser Teil der glasigen Hartweizenkörner in mehlige Weichkörner um... Diese Körner liefern ein minderwertiges Mehl. Ähnliches findet bei Kali-Düngung statt. Die Umwandlung des glasigen Hartweizens in mehligen Weichweizen ist darauf zurückzuführen, dass Kali-Düngung zur Abnahme des Glutelins und zum Ansteigen des Gliadins (Weizenprolamin) im Korn führt. Dies bedeutet eine Verminderung der Kleber-Qualität."

Aus: HIPPOKRATES 1954 von Elisabeth Tornow.

Wir halten diese Erkenntnis für ausserordentlich wertvoll, speziell vom medizinischen Standpunkt aus. Denn wenn beim Dinkel keine Chemiedüngung notwendig oder erwünscht ist, kann auch die Verschiebung vom Dinkel-Glutelin zum Dinkel-Prolamin nicht stattfinden, wodurch der Dinkel sich zur Therapie der Zöliakie besonders eignet. Denn die Zöliakie beruht auf einer Gliadin-Unverträglichkeit; ein niedrigerer Gliadin-Anteil im Dinkel kann also nur erwünscht sein.


## ERNTE – REIFE

1. „Anfang Juli, wenn die Körner die Milchreife erlangt haben, kann die Spelzpflanze für die Grünkerngewinnung geerntet werden. Der Dinkel zeigt einige Eigenschaften, welche den Wildformen der Getreide ähneln. So ist seine Ährenspindel leicht brüchig, was für den Mähdrescher unerwünscht ist.

2. Der Dinkel hatte Glück. Er wurde lange nicht durch Züchtungen degeneriert. Bei ihm beschränken sich die

Pflanzenzüchter auf Auslese- und Kreuzungsverfahren, Dinkel mit Dinkel! Welche die Widerstandsfähigkeit verbessern und den Nachteil der Brüchigkeit der Ährenspindel beseitigen sollten. Der modernisierte Mähdrusch hat dieses Problem gelöst. Es heisst, ökologisch orientierte Bauern fahren in der Regel 38-50 dz / ha ein. Der Ertrag ist sehr stark von Boden und Klima abhängig. (Der Dinkel bevorzugt einen schweren Boden, gedeiht jedoch auch auf karger Scholle. Selbst unter ungünstigen Bedingungen versteht er, das Optimale für sich herauszuholen.)

Der Landwirt muss seinen Dinkel gut im Auge behalten, damit er den richtigen Erntezeitpunkt nicht verpasst. Für die Grünkern-Erzeuger geht es hier um Stunden. Ist der rechte Zeitpunkt gefunden und der Mähdrescher richtig eingestellt, gestaltet sich heute die Dinkel-Ernte so problemlos wie bei den anderen Getreidearten. (Die Weiterverarbeitung, das Gerben, ist ein anderes Problem). Infolge seiner zerbrechlichen Ährenspindel geht bei der Ernte gerne viel durch Bruch verloren. Dies traf für die früheren weniger vollkommenen Erntemethoden zu und kommt heute nicht mehr so sehr infrage (ca.1918), denn durch sofortiges Aufstellen in Puppen oder Stiegen lässt sich dem fast vollkommen abhelfen.

Seit 1937 beschränkt sich der Dinkel in der Hauptsache nur noch auf die Gebiete, in denen der Weizen oft auswintert oder die Witterungsverhältnisse in der Ernte sehr erschwert sind, also ein Auswachsen des Weizens auf dem Halm oder ein zu spätes Reifen zu befürchten ist.

Zusammenfassend muss gesagt werden, dass der Dinkelbau dort langsam zurückgeht, wo die Intensivierung steigt (Chemie) und andererseits dort bestehen bleibt, wo nicht Quantität, sondern Anbau-Sicherheit, Strohreichtum und erleichterte Ernte-Bergung entsprechend hoch vom Bauern und Landwirt gewürdigt werden."

Prof. Dr. Knoll (1937)

Wir haben diesen Chemie-Pfusch am Dinkel in ausführlicher Weise dargelegt. Nun wird es wohl hoffentlich niemanden mehr geben, der nicht mit Händen und Füssen sich dagegen wehrt, solche Ersatznahrungsmittel dem biologisch gezogenen Dinkel vorzuziehen. Wer wundert sich da noch, dass bereits 1/5 aller Europäer, namentlich der Mitteleuropäer, an allergischer Diathese leiden. Wie weit auch andere Krankheits-Dispositionen dadurch begünstigt werden, (z.B. Krebs) lässt sich nur vermuten. Von rechts wegen sollte der Staat hier energisch gegen die systematische Zerstörung unserer Gesundheit eintreten. Wenn wir, das Volk, die Konsumenten, uns nicht dagegen wehren, dann verdienen wir nicht ein gesundes tägliches Brot. Wir schlagen vor, nur solche Parteien zu wählen, die sich für naturgemässe Bauernkultur stark machen.

Wir haben nicht umsonst für die bäuerliche Dinkelkultur ein Wort eingelegt. Es soll eine unerlässliche Vorbedingung sein für die Aufgeschlossenheit *Hildegard und ihrer Subtilitätslehre* gegenüber, welche in noch höherem Masse beweist, dass es gefährlich ist, Gott ins Handwerk zu pfuschen.

# Aufbereitung des Dinkels
# (Schälen, Gerben)

Die ursprünglichen Verfahren zum Aufschliessen der Nahrung scheinen gewisse Vorteile gehabt zu haben, welche wir Ihnen nicht vorenthalten möchten. Auch wenn die Wahrscheinlichkeit gering ist, dass wir zur ursprünglichen Zubereitungsart des Stampfens jemals zurückkehren werden, so finden sich doch einige nicht uninteressante Angaben über die davon abhängige unterschiedliche Wirkung auf den Menschen.

Wir entnehmen einem Buch der Österreicherin Anni Gamerith, dass in der Volkstradition unter anderem eine Urtechnik angewandt wurde zur Getreideaufbereitung. Die Feucht- und Wärmevorbehandlung des ganzen ungeschälten Getreides gefolgt vom sogenannten Stampfen und vom Mahlen…

Dieses Verfahren ergab sowohl technische als auch praktische Vorteile für die Ernährung, verbesserte die Schälbarkeit und die Haltbarkeit (Oxydationsfestigkeit von Hafer) und führte zu einer Erleichterung der Zubereitung und zur Verbesserung des Geschmacks. Es wäre auch denkbar, dass Wasser- und Wärmebehandlung auch einen partiellen Abbau der Phytinsäure mit sich bringt und dadurch die Mineralaufnahme verbessert, neben einer eventuellen Verminderung der Toxidität des Gliadins.

Wissenschaftliche Dokumentation gibt es hierfür bis jetzt jedoch nicht, dass aber die Aufbereitungstechnik des Getreides entscheidend sein kann für die Mineralaufnahme aus der Nahrung ist einleuchtend. Es sollten Lebensmittel-

Verarbeitungsprozesse entwickelt werden, die Rücksicht auf diese Fakten nehmen!

Die historische Forschung ergab, dass der Mensch niemals, auch nicht in sogenannten Urzeiten, das Getreide roh oder unzubereitet gegessen hat. Nach der Österreicherin Anni Gamerith hat man es sogar als schädlich angesehen, rohes Getreide zu essen, das nicht in mehreren (drei) Stufen vorbearbeitet war. Praktisch scheint sich das so abgespielt zu haben, dass man durch feuchte Wärme das Getreidekorn quellen liess. Durch nachfolgendes Stampfen und Trocknen (Rösten?) konnten die anhaftenden Spelzen von dem Getreidekorn leicht entfernt werden. Für die Haltbarmachung hat man auch das freigelegte Getreidekorn im Ofen (oder an der Sonne) nachgetrocknet...

Wir haben beim geernteten Dinkel das gleiche Problem, dass er noch von den Spelzen befreit werden muss, bevor man ihn verwenden und weiterverarbeiten kann. Die Spelzen werden nicht mehr durch ein Stampfverfahren entfernt, sondern werden einem eigenen Gerbgang in den Mühlen unterworfen und durch entsprechende Einstellung besonderer Schälsteine (aus Sandstein) entfernt.

Viele aufgeschlossene Bauern und Kleinmühlen besassen im Dinkelland solche Gerbgänge. Bei der heutigen Konzentration auf Grossmühlen, die fast ausschliesslich auf die Weizenverarbeitung eingestellt sind, stehen wir leider vor der mühsamen Aufgabe, den neuen Dinkelbauern erst wieder solche Schälmaschinen zur Aufbereitung ihres Dinkels zur Verfügung zu stellen. Die Anschaffung funktionsfähiger Schälmaschinen ist nicht billig. (die Firma Heger bei Stuttgart und die Firma Horn in Saulgau liefern derartige Schälanlagen). Die modernen Schälverfahren beruhen etwa auf folgenden Prinzipien:

# DER DINKEL-SCHÄLPROZESS (GERBGANG)

Der Dinkelbauer Helmut Müller, Allensbach/Bodensee berichtet uns folgendes:

„Bei den früheren Schäl- und Gerbsystemen spielte die Arbeitszeit keine Rolle und man konnte dadurch über die Zeit verteilt staubfreier arbeiten.

Die modernen Hochleistungsmaschinen mit ihrer „Zeit ist Geld-Methode" müssen eben die entsprechenden Nachteile durch Reinigungs-, Absauge- und Sortier-Vorrichtungen ausgleichen. Durch arbeitsaufwendige Handarbeit beim Einstellen der Schälsteine und Vorsortieren des Schäl- und Mahlgutes konnten technische Vereinfachungen vorgenommen werden.

Man rechnete als Tagesleistung einer einfachen Mühle einen Doppelzentner Spelzgetreide (100 kg Dinkelkerne) Heute rechnet man als maximale Tagesleistung eines modernen Schälganges 4 Tonnen, bei kleineren Anlagen 5 Tonnen geschälte Körner in drei Arbeitstagen. (z.B. in Labans Mühle auf Gotland).

Zuerst muss das Dinkelkorn im Spelz auf 14 % Feuchtigkeit getrocknet werden, noch besser auf 12-13 %. In diesem Zustand lässt sich der Dinkel am besten entspelzen. Wenn das Getreide noch trockener ist, steigt der Bruchanteil während des Entspelzungsvorganges.

Die Entspelzung erfolgt über zwei Möglichkeiten. Es sind Maschinentypen im Umlauf, in denen die althergebrachten Methoden verbessert wurden. Es werden dabei Mühlsteine verwendet, die perfekt gegeneinander eingestellt werden können und so die Vesen (Spelzen) vom Korn trennen.

Die zweite Methode: Bei dieser wird, wie bei einer Hammermühle, das Korn in Geschwindigkeit gebracht und ein gegenseitiger Kompressionsdruck am Korn erzeugt, so dass sich das Korn gegenseitig aus der Hülle herausschiebt. Bei der Mühle werden Hämmer verwendet, die keine scharfen Kanten besitzen und aus einem sehr weichen Material bestehen. Nach dem Entspelzungsvorgang fällt das Korn durch Siebe, die je nach Korngrösse ausgetauscht werden können. Jedes Jahr kann die Korngrösse entsprechend der Witterung anders ausfallen.

Nach dem Entspelzungsvorgang muss die Spreu vom Korn getrennt werden. Das Volumen der entspelzten Ware macht 2/3 an Spelzen und 1/3 an Korn aus. Gewichtsmässig ist das Verhältnis umgekehrt: 35% Schalen, 65% Korn. Dem Entspelzungsvorgang muss unbedingt ein Aspirateur zum Absaugen der leichteren Spelzanteile und des anfallenden Staubes nachgeschaltet werden. Sonst würde die hohe Konzentration von Spelzen eine normale Saatgutreinigung unmöglich machen.

Danach erfolgt die Saatgutreinigung, welche Unkrautsamen, Bruch und Restspelzen aussortiert. Man kann dadurch schon eine recht akzeptale Qualität produzieren. Aber die hohen Qualitätsansprüche des Verbrauchers zwingen den Müller bzw.den Bauern, eine *Polieranlage* der *Saatgutreinigung* normal nachzuschalten, wodurch die eventuell anhaftenden Pilzsporen am Getreide abgebürstet werden können. Vor allem für Getreide, das für Heilzwecke verwendet wird, ist diese Methode auf jeden Fall zu empfehlen.

Durch die heutigen Dreschmethoden mit Mähdreschern ist es nicht zu vermeiden, dass sich immer wieder Steine im Korn befinden. So wird man zu einem weiteren Reinigungsschritt, und zwar zum *Tischausleser* gezwungen, bei dem gleichzeitig Steine, Mutterkorn und Restspelzen ausgeschieden werden.

Der Tischausleser funktioniert über ein Schwingsieb, bei

dem sich das Korn durch ein Wurfsystem kontinuierlich aufwärts bewegt. Durch einen stufenlos regulierbaren Unterwind werden die leichten Teile wieder zurückgedrängt. So können nur schöne und schwere Körner nach oben wandern. Die Steine, die sich durch ihr grösseres Gewicht durchsetzen, können dadurch auch separat abgefangen werden.

So entsteht eine Reinheits-Qualität, die wirklich allen Anforderungen entspricht. Wie man sieht, ist das Verfahren aufwendig, aber es lohnt sich beim Dinkel.

Die anfallenden Spelzen sind als *Tierfutter* vor allem für Kühe geeignet, da sie die Tiergesundheit fördern und ausserdem den Fettgehalt in der Milch erhöhen. Pferde sind lungenempfindlich für die Staubpartikel. Die Anfälligkeit für Dämpfigkeit wird erhöht. Deshalb ist das Trennen des Staubes vom Spelz durch einen Aspirator besonders wichtig. Auch bei der Verwendung der Spelzen zum Füllen von Dinkelkissen etc. ist Staubfreiheit nötig."

# Vermarktung des Dinkels

## A. ERSTE VERSUCHE

Warum sprechen wir über die Vermarktung?
Für einen gläubigen Christen unter Umständen ein Punkt des Anstosses. Denn immer wieder kommt es vor, dass man uns Hildegardfreunden vorwirft, wir vermarkten Hildegard. Und zwar gerade von den 200 – prozentigen Christen, die päpstlicher als der Papst sein wollen, nämlich kein gesundes Verhältnis zum Geld haben können. Eine vernünftige Einstellung zum Geld ist schon aus einer Bibelstelle für uns Christen verpflichtend, (und erst recht für uns Hildegardfreunde).

Lk 16;9 „Auch ich sage Euch: Macht Euch Freunde mit dem (ungerechten) Mammon, damit sie Euch, wenn es zuende geht, in die ewigen Wohnungen aufnehmen."

Lk 16;11 „Wenn Ihr nun mit dem ungerechten Mammon nicht getreu gewesen seid, wer wird Euch dann das wahre Gut anvertrauen? Und wenn Ihr mit fremden Gut nicht treu gewesen seid, wer wird Euch dann Euer Eigenes geben?"

Diese originalen Bibelstellen, welche offenbar auf der „letzten Reise Jesu nach Jerusalem" gesprochen wurden, sind nur beim Evangelisten Lukas aufgezeichnet worden. Bekanntlich hat Lukas das wissenschaftlichste Evangelium, weil er den Dingen nachforschte. Lukas war Arzt und als

solcher eo ipso wissenschaftlich kritisch in seiner Arbeits-
methode.

Der Sinn dieser Stelle ist völlig klar. Christus verlangt
von seinen Jüngern, dass sie auch mit dem Geld richtig
umgehen können. Es wird von jeher von der Kirche betont,
dass Besitz und Vermögen an sich keine Sünde sind, sondern es wird nur verlangt, dass sie nicht zu Ungerechtigkeit
werden (ungerechter Mammon). Dies tritt dann ein, wenn
wir unser überschüssiges Vermögen (jeder Arbeiter ist seines Lohnes wert) nicht als Christen einsetzen. Je nachdem,
ob wir Apostel-Christen oder Säkular-Christen sind, werden wir eine andere Beziehung zum Geld haben. Jene
Christen, welche sich dem Apostolat verpflichtet fühlen, für
die gilt: Mark.6;8 „Nehmt kein Geld mit auf den Weg und
keine Tasche..." das heisst, als Wanderer haben sie das
Recht der Fremden, denen man überall ein Mindestmass
von Lebensnotwendigkeiten zur Verfügung stellt nach dem
Gesetz der Gastfreundschaft. Also brauchen sie nicht viel
Bares.

Wenn ich Fabriksbesitzer bin, oder vielleicht sogar den
Dinkel einführen will oder wissenschaftlich arbeiten, dann
kann ich Geld sehr gut gebrauchen, sogar sehr viel davon,
im Namen Gottes! Hildegard schreibt selbst in ihrem
Glaubensbuch *(Scivias),* dass Gott nichts dagegen habe,
wenn einer nach Reichtum strebt, wenn er diesen im guten
und christlichen Sinne einsetzen will. Im übrigen hat
Christus selbst ein Geldwunder gewirkt. Er hat nämlich
dem sogenannten Petrusfisch eine goldene Münze (Stater-
Münze) ins Maul gelangen lassen, damit Petrus dem
Steuereinnehmer die Kopfsteuer für sich und Jesus zahlen
konnte...

Die arme Kirche (Apostel-Kirche) hat ihre Berechtigung,
aber die reiche Kirche auch. Symbol dessen sind die armen

Hirten und die Drei reichen Könige an der Krippe. Also habe ich bei meinen Bemühungen um die Einführung des Dinkels – weil sonst niemand dieses Risiko auf sich nehmen wollte –, mit meinen bescheidenen Mitteln mit Mühe und Not und wenig Erfahrung auch die kommerzielle Seite des Dinkels in Angrif genommen. Wir Ärzte sind (oder sollten wenigstens!) nicht in erster Linie Kaufleute sein. Tatsächlich ist die klassische Ausbildung eines Arztes absolut a-materialistisch und a-juristisch und a-monetär. Es wäre vielleicht gut, wenn wir etwas mehr mit finanziellen Interessen umzugehen gelernt hätten (wie die Juristen).

Dabei war meine Startsituation gar nicht einmal ungünstig. Ich hatte aus meinen Patientenkreisen Beziehung zu einem Bankier in der Schweiz, der mir wohlgesonnen war. Als Bankier hatte er wieder Beziehungen zu einer Grossmühle im benachbarten Thurgau und war auch selbst daran interessiert, Dinkel den Ärzten zur Verfügung zu stellen. Denn er wusste, dass ich meine ärztliche Praxis schon damals auf die Dinkelernährung meiner Patienten gründen wollte. Er hatte sogar die Güte, mit mir persönlich zum Besitzer der Grossmühle zu gehen. Der hörte meine Dinkel-Argumente interessiert und höflich an. Nachdem ich alles vorgebracht hatte, was ich meinte, vorbringen zu müssen, machte er eine kleine Pause, sah den Herrn Bankdirektor und mich etwas lächelnd an und sagte: „Ja, sehr gut, sehr schön. Wir stecken jetzt 50.000 Franken für die Einführung hinein – und dann gehen Andere her und machen es uns nach. Adieu!"

So geschah es auch in Schweden in jüngster Zeit, auch ohne die 50.000 Sfr. für die Einführung- und noch dazu mit den verpfuschten Sorten Roqien und Hercule. Der Erzeuger sollte eben vorher denken und sich Kentnisse aneignen – und nicht nach der Ernte! Ganz abgesehen davon, dass die

Verbraucher überhaupt nicht aufgeklärt sind, wozu eben dieses Buch beitragen soll.

Ein anderes Erlebnis hatte ich ebenfalls mit einer thurgauischen Grossmühle in der benachbarten Schweiz, wobei ich zwar keine Protektion durch einen Bankdirektor besass, aber indessen erhebliche Erfahrung gesammelt hatte mit der Dinkel-Bewirtschaftung in der Schweiz. Da dieses kluge Land den Dinkel (und Getreide-Anbau) staatlich subventionierte, gab es davon für seine Bevölkerung noch eine relativ grosse Menge im Lande, und zwar im Berner Oberland, Luzern und im Aargau. Selbstverständlich wollte der Staat nicht sein wertvolles Getreide zu billigen Preisen dem Ausland zur Verfügung stellen. Dieser Müller hörte mich noch freundlicher an als der vorige und – liess sich überzeugen! Er wagte es auch, unter grossen finanziellen Opfern eine relativ kleine Menge Dinkel mir zur Verfügung zu stellen, um wenigstens den dringendsten Bedarf für meine Praxis und meine Patienten zu decken. Gott segne ihn!

Unterdessen hatte ich auch im Deutschen noch eine Dinkelmühle ausfindig gemacht, es muss im Jahre 1960 nach dem grossen Mühlensterben der kleinen Mühlen gewesen sein, welche mir, auf die Empfehlung eines Pfarrers in kleinen Mengen Dinkel zur Verfügung stellen konnte. Echten Dinkel! Denn der ganze Dinkelhandel und die Verarbeitung ist heute weitgehend *Vertrauenssache* und war es eigentlich schon immer. Die Versuchung der Bauern, der Müller und der Bäcker ist immer gross, den sehr zum Verwechseln ähnlichen Weizen entweder zum Strecken unter das Mahlgut zu mischen, so dass Dinkel- und Weizenkörner gemeinsam zu einem Mischmehl vermahlen werden, oder das fertige Weizenmehl mit fertigem Dinkelmehl zu mischen.

Die Wissenschaft hat es bisher noch nicht fertiggebracht,

eine einwandfreie Methode zu entwickeln, um auch kleine Weizen- und Weizenstoffbeimengungen einwandfrei festzustellen. Wenn ich genügend Geld hätte, so garantiere ich Euch, dass ich binnen eines halben Jahres die Methoden gefunden hätte, sei es miskroskopisch, sei es chemisch, sei es allergologisch-biologisch. In diesem Sinne war die Empfehlung durch einen Pfarrer besonders wertvoll, weil er mir für die christliche Ehrlichkeit dieses Müllers garantierte. Im übrigen war es die Wassermühle mit dem grössten Mühlenrad Deutschlands und müsste also noch unter Denkmalschutz erhalten sein. (Nussplingen im Hohenzollern).

Den Pfarrer hatte ich entdeckt, als ich bei meinen Fusswanderungen den Heuberg nach Dinkelbauern und Dinkelanbau abgeklopft hatte und am Abend müde eben in diesem Pfarrhof ein willkommenes Nachtquartier fand. In diesem klimatisch benachteiligten Heuberg-Gebiet (grösster Truppenübungsplatz Deutschlands), wurde aus diesem Grunde noch von mehreren Bauern Dinkel angebaut, so dass sich eine Dinkelmühle rentierte. Wie gesagt, der Dinkel war auf dem Rückzug und nur in abseitigen Gegenden Deutschlands und der Schweiz bei einigen Bemühungen damals noch aufzufinden.

Zur damaligen Zeit (Ende der vierziger Jahre) hatte ich bei meinen Dinkelabenteuern in Freiburg/Br. Beziehungen zum landwirtschaftlichen Ministerium von Süd-Baden aufgenommen. (Damals existierte Baden-Württemberg noch nicht, sondern nur vier Besatzungszonen). Tatsächlich fand ich dort bei massgeblicher Stelle Gehör. Man erhoffte sich nämlich – entsprechend meinen Darstellungen – ein hochwertiges Volksnahrungsmittel zu verhältnismässig niedrigem Preis der notleidenden und hungernden Bevölkerung in der französischen Besatzungszone zur Verfügung zu stellen. Natürlich nur auf Lebensmittelkarten-Zuteilung. Um diese Herrschaften noch mehr überzeugen zu können, hatte ich zufällig auch in einer Freiburger Schule eine grosse Landkarte von Süd-Baden entdeckt, welche das ehemalige Kultur- und Anbaugebiet des Dinkels mit brauner Farbe deutlich eingezeichnet hatte. Ich war selbst überrascht, dass noch vor relativ kurzer Zeit der Dinkelanbau in diesem Land ein so gewaltiges Ausmass hatte. Die Landkarte dürfte aus dem Jahre 1930 gestammt haben. Alles in allem, wie gesagt, war man in Baden meinen Bemühungen, in diesem Falle für die Allgemeinheit, durchaus wohlgesonnen, ja, der Herr Minister hatte die Güte, mich in seinem Auto zu einer Grossmühle in Villingen im Schwarzwald zu fahren, von der ich wusste, dass sie noch einen Gerbgang besass und – gelegentlich – für ihre Kunden auch den Dinkel entspelzte. Der Dinkelanbau war dort nur noch auf einzelnen verstreuten Höfen für den Hausbedarf üblich, weil die Bauern sehr wohl wussten, was sie am Dinkel hatten. Aber was passierte wieder einmal? Der Chef der Mühle fiel um. Das Risiko schien ihm zu gross, seine Mühle wieder auf Dinkel umzustellen, zumal er ja mit Weizen und Futtermehl ganz gut verdiente. Nachdem ich also im Beisein des Herrn Ministers lang und breit meine menschenfreundliche Idee auseinandergesetzt hatte, war des langen Gespräches kurzer Sinn: Der Dinkel ist im Aussterben. Man kann nicht garantieren, dass ich als Müller noch genug bekomme. Aus.

Selbstverständlich spielen bei allen diesen Dingen wirtschaftliche Erwägungen eine Rolle. Die hätten auf vernünftige Weise behoben werden können, so dass Niemand einen Schaden davon gehabt hätte, weder die Bauern, noch die Müller, die Bäcker, noch der Staat, noch das Volk. *Wenn man den Dinkel kennt und liebgewonnen hat, ist er seinen Gestehungspreis wert. Infolgedessen riskiert niemand etwas, der sich für die Dinkelsache, Anbau, Vertrieb, Vermarktung engagiert.*

Ich wusste das von Anfang an. Aber offenbar verstand ich es nicht, mein Wissen weiterzugeben bzw. meinen Gesprächspartner mit der Liebe zum Dinkel anzustecken. In diesem Sinne ist allerdings von der Liebe zum Dinkel bis zum Dinkel-Fanatismus nicht weit. Fanatiker haben meistens weder Geld noch Verstand. Also Dinkelliebe ja, Dinkelfanatismus nein.

Einen missglückten Startversuch wagte ich mit kleinem Anfangskapital. Weil ich keine Erfahrung in diesen Dingen hatte, es aber doch selbst machen musste, weil kein anderer sich dazu bereit erklärte, habe ich mir einen Doppelzentner Dinkel (100 kg) aus dem Kinzigtal in Baden schicken lassen. Offenbar war der Dinkelbauer ein ganz raffinierter und dachte sich: Der Städter versteht nichts von der Landwirtschaft und sandte mir einen mit Mäusedreck stark untermischten altabgelagerten Dinkel. Wer weiss, aus welcher Ecke er ihn zusammengekehrt hat. Nun stand ich wieder da ohne den nötigen Rohstoff. In der damaligen Kette der Misserfolge hatte ich schon nicht mehr den Mut, mich gegen Unrecht zu wehren, sondern sagte mir: „Eine Lehre mehr!" Wie ich heute weiss, kann man diesen Dinkel nicht einmal mehr reinigen, weil in die gegerbten Dinkelkörner (Chorn, Kernen) der Mäuse-Urin einzieht. Das war besonderes Künstlerpech. Wieder kein Dinkel!

## B. VERTRIEB

Ich musste mich also nicht nur um die Beschaffung des Dinkels bemühen, um die Organisation einer laufenden Anlieferung, sondern auch um eine Absatzmöglichkeit. Alles finanzielle Fragen. Sozusagen meine ersten finanziellen Gehversuche in Sachen Dinkel. Für den Vertrieb hatte ich in Konstanz Patienten als Kundschaft. Ich hatte auch eine Bäckerei ausfindig gemacht, welche bereit war, Dinkel und Dinkelprodukte in ihrem Bäckerladen ins Verkaufsprogramm aufzunehmen. Selbstverständlich musste ich auf meine Kosten ein gewisses Aufklärungsmaterial zur Verfügung stellen. Ich liess für den Verkauf durchsichtige 1-kg Tüten herstellen, mit dem werbewirksamen Aufdruck: *Ideal – Diät – Frühstück aus reinem Dinkelkorn.*

Jede Dinkel-Werbung muss primär Aufklärung sein. Das galt damals, gilt heute noch und wird immer gelten. Selbst im uralten Dinkelland Baden, in Konstanz am Bodensee bekamen die Leute seit langer Zeit wieder einmal etwas vom Dinkel zu hören. Um wieviel mehr muss eine Werbung aufklären in Gebieten, wo man weder den Namen des Dinkels, noch seine Besonderheiten (Subtilität), noch den Gesundheitswert des Dinkels kennt. Im Gegenteil, durch die irreführende Vermischung von Dinkelforschung und Weizenforschung hat die Welt alles getan, den Dinkel in den Hintergrund oder in den Untergrund zu drängen. Die Losung „Weizen, Weizen über alles in der Welt" hat viel zum Aussterben des Dinkels in seinen deutschen Heimatgebieten beigetragen.

Eine vernünftige Aufklärung muss wieder auf die Eigenständigkeiten der Dinkelwissenschaft Wert legen. Ich habe darum vorgeschlagen, in meinem jüngsten Buch „Die kleine Hausapotheke", auf Seite 70, für Dinkel einen neuen botanischen Namen einzuführen. Denn schon die Botaniker irren sich beim Dinkel mit der Bezeichnung Triticum Spelta (Linné?). Triticum heisst aber nur Weizen. Im Zuge der Reform der botanischen Namen hat man den Dinkel übersehen. Sein richtiger Name muss heissen: *Spelta Spelta* – der wahre Spelz. Oder Spelta monococcum (Einkorn) und Spelta dicoccum (Zweikorn/Emmer), und Spelta tricoccum, das heisst Dinkel. Diese drei Spelzgetreide-Nahrungsmittel hängen eng miteinander zusammen und sind untereinander näher verwandt als mit dem Weizen. Das muss bei der Spelzkornforschung berücksichtigt werden. Denn die Beziehung eines Nahrungsmittels zum Menschen beruht auf viel mehr spezifischen Eigenschaften (Subtilitäten), als die Wissenschaft bisher angenommen hat. Wenn man natürlich von den Voraussetzungen ausgeht, dass es nur um die

Kalorien, die rohen Eiweiss- und Fettzahlen, vielleicht auch noch um die Mineralstoffe, Spurenelemente und Vitamine geht, dann ist man bei den Speltgetreiden auf dem Holzweg. Diese Kriterien können zwar beim Dinkel auch einige Pluspunkte aufweisen, welche das finanzielle/ökonomische Minus mehr als aufwiegen, aber die Gesundheits-Qualitäten des Dinkels erschöpfen sich damit keinesfalls.

Tierversuche können sehr wertvoll sein, wenn sie medizinisch klug durchgeführt werden. (Fütterungsversuch des Hühnerhofes mit Dinkel-Weizengemisch). Man kann die Versuche aber auch so anordnen, dass man damit zu beweisen scheint, was man beweisen will. Entsprechend der Weizen-Lobby, dass Dinkel eben auch nur Weizen ist…

Auch der geschilderte Vertriebs-Versuch in Konstanz misslang letzten Endes, trotzdem die Voraussetzungen ideal waren, (Praxisnähe). Was macht der Teufel in so einem Fall? Diese Bäckerei musste verkauft und abgebrochen werden, um einem Gross-Kaufhaus Platz zu machen. Ironischerweise ist heute in dieses Kaufhaus (30 Jahre später) eine Dinkel-Schau-Bäckerei eingezogen. Aber damals, wo ich dringend meine Patienten mit Dinkel versorgen wollte, hatte ich wieder einmal das Nachsehen. Aus.

Es blieb mir nichts anderes übrig, als in eigener Regie meine Patienten mit Dinkel zu versehen, indem ich in Ermatingen (Schweiz) kleine Mengen selbst besorgen liess. Das war keine Ideallösung, aber immerhin doch eine akzeptable Möglichkeit. Der Müller stellte gleichzeitig Dinkel-Feinmehl, Dinkel-Vollmehl, Dinkel-Vollkornschrot und Dinkel-Griess zur Verfügung und animierte einen Bäcker, einmal in der Woche Dinkelbrot für seine Kunden zu backen. Das war wenigstens ein Anfang. Als Arzt schwebte mir aber vor, für die Dinkelkuren und für die Krankenernährung noch andere wichtige Dinkelprodukte herstellen zu lassen.

Ein Wunschtraum, der bis heute noch nicht erfüllt ist, sind die Dinkel-Graupen, seinerzeit ein berühmtes Luxusessen im alten Rom. Wir hochkultivierten Modernisten haben es noch nicht wieder so weit gebracht nach zweitausend Jahren. Wenn die Römer am Tiber für eine Reihe von Graupenmühlen und für teures Geld den Dinkel aus Norikum (zur Römerzeit) über die Alpenpässe einführten, um den Feinschmecker-Gaumen der römischen Grosstädter zu befriedigen, dann werden sie schon gewusst haben, warum!

Unsere moderne Wissenschaft hat in dieser Hinsicht kläglich versagt. Für die Dinkelkultur aber ist Wissenschaft eigentlich nicht einmal nötig, weil ein Kulturvolk auch ohne viel Wissenschaft wissen sollte, was gut ist oder nicht. Man muss ihm nur die Chance geben, es selbst zu prüfen.

Mein anderer Wunsch war Dinkelflocken, die es heute in sehr verschiedenen Qualitäten gibt. Ich selbst bin noch nicht mit dem Ergebnis der Flockerei zufrieden, vor allem nicht für meine Rohkost-Freunde, die ich auch habe. Das Dinkel-Ganzkorn gequetscht/geflockt, eignet sich dafür nur, wenn man einen guten Magen hat. Viel idealer wären Flocken von grobem Griess (Grütze?). Ein ideales Küchenmehl, aus welchem man auch die ebenso ideale Kindernahrung herstellen könnte, wäre das griffige Dunstmehl. Ob das sogenannte „Einser-Mehl" aus Dinkel (Günzburg/-Donau) dieses leisten kann, weiss ich nicht. Wie gesagt, der Dinkel ist in allen Gestalten immer gleich gut und immer gleich menschenfreundlich.

Insofern wäre es leicht, Varianten herzustellen, wenn man aus Dinkel-Vollmehl die zwanzigerlei Lebkuchen-Teigmassen gewinnt und dann noch daraus „Gebildbrote" und Dauerbackwaren herstellt. Zum Beispiel an Ostern Dinkel-Marzipan aus Dinkel und Mandeln... In diesem

Sinne wurde kürzlich eine Dinkelbackwaren-Gesellschaft gegründet.

Natürlich muss zwischen Einkauf und Verkauf beim Vertrieb eine vernünftige Handelsspanne offen bleiben. Garantiert echte, reine Dinkel-Produkte müssen teurer sein als Weizen-Produkte, sonst stimmt etwas nicht. Verbilligende Genmanipulation, Halmverkürzung, Superdüngung sind also Dinge, die vom medizinischen Standpunkt aus staatlicherseits verboten gehören. Wenn der Staat den Dinkelverkauf unter Monopol-Verwaltung nähme, wie etwa in Österreich und Schweden den Alkohol und Tabak und in vielen Staaten das Salz, dann wäre die finanzielle Seite des Dinkelanbaues und Vertriebs geregelt. Menschen, die aus gesundheitlichen Gründen den Dinkel brauchen, sollen ihn im Notfall aus der Apotheke oder aus anderen Monopol-Läden beziehen können. Dann wird das dumme Geschrei, dass er zu teuer sei, bald aufhören. Für eine menschenfreundliche Behandlung braucht der gute Arzt echte, reine Dinkelwaren. Dazu gehört auch eine eingespielte Vertriebskette, von den Anbau-Verträgen mit den Bauern bis zu den gewissensgeprüften Müllern und Bäckern und Backwaren-Fabriken. Der Bauer baut gerne Dinkel an, wenn er ihn bezahlt bekommt. Der Müller freut sich über den reifen Dinkel, welcher ihm seine Brotmehl-Qualität erheblich verbessern kann – wie der beste kanadische Hartweizen. Auch Reform- und Dinkel-Läden brauchen über den Absatz nicht zu bangen. Sanatorien, Krankenhäuser und andere Grossverpflegungsstätten, Volksküchen usw. können vom ärztlichen Standpunkt aus nicht behaupten, **auf der Höhe der Nahrungswissenschaft unserer Zeit zu stehen ohne Dinkel!** – Von den Ärzten will ich gar nicht reden: Wer wie ich einmal die Erfahrung gemacht und den Dank der Patienten erlebt hat, die **allein durch die Umstellung auf** die **Dinkelnahrung** (ohne sonstige Medikamente oder Änderung in der Küche) **richtig gesund geworden sind, der weiss für sein ganzes Leben Bescheid um den Dinkel.** Keine Hypothesen, herbeigewünschte Experimental-Ergebnisse oder chemische Analysen werden ihn vom Gegenteil überzeugen können. Wenn die Ärzte das Dinkel-Geheimnis erkannt haben, dann ist mir um die Existenz des Dinkels nicht mehr bange.

Die Dinkel-Vertriebskette sollte auf lokaler Basis beruhen. Jede nur einigermassen geordnete Region soll sich ihren eigenen Naturdinkel anbauen. Es ist nicht erwünscht, z.B. kanadischen Dinkel in Sibirien, Indien, Schweden oder Norwegen einzuführen. Zum Vertrieb gehört natürlich auch eine entsprechende Werbeschrift mit sachlicher Information für den Konsumenten und Händler.

## C. DER DINKEL-PREIS

liegt höher als bei andren Getreiden. Warum?

1. Weil der Wachstums-Ertrag des natürlichen Dinkelfeldes gewöhnlich erheblich niedriger liegt als z.B. beim Weizen. Damit sich sein Anbau lohnt, muss er schon deswegen höher bezahlt werden. Denn Natur-Dinkel lässt sich kaum „hochzüchten" und noch weniger „hochdüngen". Er hält an seinem jahrtausendealten natürlichen Wachstumsrythmus fest. Ich habe sogar den Eindruck, dass die bodenständigen Sorten von Jahr zu Jahr ertragreicher werden. Von der Lokal-Qualität will ich gar nichts sagen, weil entsprechende Untersuchungen fehlen. Es ist gut möglich, dass der Dinkel in den verschiedenen Regionen gerade die Eigenschaften annimmt, welche der Bevölkerung einer Region Not tun. Zudem kann der einzelne Züchter, wenn er den Hildegard-Trick

(Mond) kennt, persönliche Hochleistungs-Sorten herausholen.

2. Das hängt zum Teil auch damit zusammen, dass die Vollreife nicht ganz gleichmässig erfolgt. Der Dinkelbauer muss also überlegen, ob er bei günstigem Erntewetter vorzeitig ernten soll, oder ob er es noch riskieren kann, die Vollreife abzuwarten.

Man hat deswegen den Ausweg der *Grünkernherstellung* gesucht, wobei weniger Ernteschwierigkeiten bestehen. Grünkern ist *Unreifer* Dinkel und als solcher vom ärztlichen Standpunkt aus nicht ganz vollwertig.

3. Weil der Dinkel (zur Zeit) nur auf kleinsten Anbaugebieten gepflanzt wird und fast nur in bäuerlichen Kleinbetrieben. Dem Dinkel tut das gut und nachdem er ein „intelligentes" Getreide ist, fördert er damit den kleinbäuerlichen Betrieb, was vom ökologischen und kulturellen Standpunkt aus nur erwünscht ist. Schöne Ernten sind selten und so sehr sie gewünscht werden, so sehr bereiten sie mehr Mühe. Ein Risiko sind sie, wenn der Preis zu niedrig ist. Anbau-Verträge, Anbau-Ertrags-Garantien (staatliche) würden im Sinne der Volkswirtschaft durchaus am Platze sein.

4. Weil der Dinkel ein überaus zartes, empfindliches Getreide ist. Schlechte Lagerung, feuchte Ernte, Unsauberkeit und überhaupt jede „Behandlung" kann den Geschmack beeinträchtigen, den Gesundheitswert mindern und Ertragsverlust bedeuten. Auch die Verpackung im Grossbetrieb stellt höchste Anforderungen, damit nicht Motten und andere Schädlinge dem auch bei diesem Kleinzeug beliebtem Dinkel zu Leibe rücken können. All dies erfordert einen finanziellen Einsatz, der nur durch einen höheren Preis gedeckt werden kann.

5. Weil der Dinkel eine komplizierte, spezielle Verarbeitung braucht. Mit dem Dreschen allein ist es nicht getan. Dann wäre die Sache ja einfach und es könnte fast jeder Bauer auf der weiten Welt seinen Dinkel anbauen. Das geht nicht. Man braucht dazu die Mühle mit dem entsprechenden Gerbgang oder der modernen Schälanlage, welche nicht billig ist. Auch ist der Entspelzungsvorgang ein zeitraubender Prozess und will gekonnt und überwacht sein. Wiederum ein Grund, der beim Preis einkalkuliert werden muss.

Kurz und gut: Der Dinkel will als Edel-Getreide behandelt und bewertet werden. Seine Vorzüge machen den Preisunterschied gegenüber dem Weizen mehr als wett. Man muss nur die Möglichkeiten und Vorteile der Dinkel-Küche recht zu nützen wissen. Diese können auf einige wenige Grundgedanken zurückgeführt werden, in welchen das ganze Dinkelgeheimnis enthalten ist.

## D. HEUTIGER STAND

Die Vermarktung hängt sehr von den Staats- und Landesgesetzen ab. Diese sind alles andere als dinkelfreundlich. Hier muss sich noch vieles ändern, wofür ja dieses Buch ein Argument liefern soll. Die heutigen Tendenzen der Industrie und der Landwirtschaft sind ebenfalls nicht dinkelfreundlich, weil die Grossexporteure von Weizen ein Interesse haben, dass keine Konkurrenz für den Weizen aufkommt. Wie wir schon erwähnt haben, gehört zur Dinkel-Kultur eigentlich der kleine bis mittlere Bauernbetrieb. Ich will nicht sagen, dass Grossgüter und grossflächiger Anbau von Dinkel mit entsprechenden Erntemaschinen nicht eine gewisse Rationalisierung bedeuten könnten. Ob das praktisch möglich ist und ob es sich so ergibt, ist noch die Frage. Der rein kommerzielle Standpunkt beim Dinkel ist nur bedingt akzeptabel. Genauso wie es bei den Arzneimitteln nicht auf die Quantität sondern auf die Qualität ankommt und sogar auf die Bioverfügbarkeit, genauso ist es auch bei dem universellen Heilgetreide Dinkel.

Auch die Erfassung durch Gross-Sammelstellen etwa im Sinne der Exportförderung oder der Bevorratung können Massnahmen auslösen, welche im Zusammenhang mit der medizinischen Notwendigkeit des Dinkels als Basis-Nahrungsmittel für Kranke im Widerspruch stehen. Immerhin verlangt die Belieferung von grösseren Städten eine konstante, adäquate Versorgung der Kaufhäuser. Gewiss können auch Reformhäuser sich für den Dinkelverkauf stark machen. Doch gibt es eine grosse Zahl von Käufern, welche die Reformhäuser meiden, und einfachheitshalber lieber in Grossmärkten einkaufen. Sie haben andere Ansprüche als die einfachen Menschen und die Landbevölkerung, welche sozusagen als Selbstversorger gilt. Der Bauer beliefert den lokalen Müller und bekommt sein eigenes Mehl wieder zurück, das wäre der Idealfall.

Bei der Vermarktung im Grossen geht es im wesentlichen um die entsprechende Vorratshaltung des Naturdinkels oder der primären Dinkelwaren (helles und dunkles Mehl; feiner und Vollgriess, Grütze, Graupen, grobe und feine Flocken, Kleie). Wir sind überzeugt davon, dass die Industrie bei gutem Willen diese Dinkelwaren ohne chemische Zusätze kunstgerecht in handlichen Packungen abfüllen kann – ähnlich wie das bei den Haferflocken zum Beispiel geschieht.

Bei den Backwaren und Dauerwaren aus Dinkel (Zwieback, Keks, Waffeln, Knäckebrot, Teigwaren), bestehen derartige Probleme nicht, wenn die Packung einigermassen die Luftfeuchtigkeit abhält.

Das schwierigste beim Dinkel ist die Herstellung einer Vertrauenskette, wie schon oben erwähnt, so dass alle mit der Vermarktung des Dinkels betrauten Personen ein hohes Mass an Vertrauen geniessen und Ehrgefühl besitzen – kurz: Liebe zur Sache. Wie wenig staatliche Kontrollen und Vorsicht wirksam sind, beweisen die chemischen Nahrungsmittel-Verfälschungen, gegen die dauernd ein fast aussichtsloser Kampf stattfindet. Noch ist die Kenntnis der Bevölkerung über das Dinkel-Geheimnis so gering, dass auf einen Grossmarkt, der Dinkel führt, dreissig andere Betriebe kommen, die ihn gar nicht kennen. Obwohl eine Allgemein-Aufklärung wünschenswert wäre, so würde im Augenblick eine grosse Nachfrage gar nicht gedeckt werden können. Wir wollen vorläufig zufrieden sein, wenn wenigstens für Heilzwecke und für Kranke welcher Art auch immer, sowohl die Dinkelprodukte als auch die dazugehörigen Dinkelküchen zur Verfügung stehen. Das Schlussglied in dieser Kette ist letztendlich die Familienküche bzw. die Grossküche.

Das Gesetz des menschlichen Denkens gilt nicht nur für den Dinkel sondern für alle wesentlichen Probleme der Menschheit. Freund und Feind glauben, unwiderlegliche Argumente auftischen zu können. Die Unterscheidung der Geister wird dem Durchschnittskonsumenten fast unmöglich gemacht. Wenn die Ärzteschaft geschlossen eindeutig Stellung beziehen würde, so wäre auf lange Sicht gesehen eine Garantie für Dinkel-Echtheit gegeben.

Auch die Qualität des angebotenen Dinkels spielt eine Rolle. Es braucht keine sehr wesentlichen Unterschiede zu geben, kann aber sehr wohl bei schlechter Ernte und „Führung" erheblich schwanken. (Von der Sortenwahl wollen wir hier absehen.) Ähnlich wie beim Gartenbau nördliche Rassen von Bäumen im Süden sich kräftiger entwickkeln, so könnten auch beim Dinkel sich solche Gesetze ergeben. Erforscht wurde in dieser Hinsicht noch nichts.

Das betrifft auch die Qualität. Für mich gibt es nur zwei Grundarten des Bauern-Dinkels: Die rote und die weisse Farbe des Kornes. Ich persönlich neige eher zum „roten Tiroler" und seinen Unterarten. Die andere Dinkelsorte, die ich kenne, heisst „Grosser Weisser" und gibt unter Umständen mehr Ertrag. Ob seine ärtzlich-medizinischen Qualitäten damit Schritt halten bleibt für mich offen. Ich betone: Für medizinische Zwecke spielt nicht die Quantität eine Rolle, sondern die Qualität.

Gott sei Dank scheinen im alten Schwabenland bzw. Baden-Württemberg, Schweiz und Elsass die Meinungen über den Dinkel sich allmählich so weitgehend zu wandeln, dass er aus seinem Dörnröschenschlaf erwacht ist. Alles weitere wird der Dinkel selbst in die Hand nehmen, – unser intelligentestes Getreide.

Ob der Dinkel ein Exportartikel wird, oder ob er sich in anderen Ländern ebenso heimisch machen kann wie im alten Schwabenland, wissen wir nicht und ist auch nicht abzusehen. Wenn er Feinde hat, so ist es höchstens der Mensch, und zwar der Wissenschaftler, der durch sinnlose Gen-Experimente die jahrtausendealte Dinkel-Reinzucht im letzten Augenblick noch verpfuschen möchte. Für die Gesundheit verlangen wir reinen, natürlichen Bauerndinkel alter Zucht. Nur dieser garantiert den vollen Dinkel-Effekt.

# Zukunftsperspektiven

Der weitverbreitete Name Spelt, welcher eindeutig auf germanische Ackerbaugebiete hinweist, wird besser durch die Bezeichnung *Spelzkorn* ersetzt. Dadurch bleibt die Unterteilung in Einkorn – Zweikorn und Dreikorn erhalten. In vielen Fällen, auch in wissenschaftlichen Arbeiten, ist die Verwechslung von Dinkel mit den anderen Spelzkornarten ein altes Übel. Ist es ein Übel? Das wäre noch zu untersuchen. Wenn wir dem Dinkel den Vorzug vor allen anderen Spelzkorngetreiden geben, dann beruht dies rein auf der Tatsache, dass sich die Lobeshymnen des Hildegard-Naturmittelbuches an die Übersetzung von „Spelt" mit Dinkel knüpfen. Im Haupt-Spelzgetreideland Schwaben war die landläufige Sorte der Dinkel.

Es muss aber gar nicht sein, dass die Bezeichnung „Spelt" (bei Hildegard) ausschliesslich den Dinkel meint, und die zwei anderen Spelzgetreide, (namentlich den Emmer), ausschliessen will. Das Unglück wäre nicht gross, falls das in Europa *Durum* genannte Getreide und ähnliche Spelzgetreide (Emmer) den gleichen medizinischen Wert besässen, den wir dem Dinkel zuschreiben. Wir irren nicht, wenn wir uns auf den Dinkel konzentrieren, weil er grösste Verbreitung als Brotgetreide im schwäbisch-alemannischen Raum gefunden hatte. Das muss auf irgendeinen Vorzug zurückzuführen sein.

Dabei taucht die nicht unwesentliche philosophische Frage auf, ob der konservative Charakter des schwäbisch-alemannischen Volksstammes dem Dinkelanbau durch alle Jahrhunderte treu geblieben ist, oder ob der Dinkel als

Volksgetreide den schwäbisch-alemannischen Volks-Charakter wesentlich geprägt hat. Ich persönlich würde dem Volks-Charakter den Vorrang geben. Erst der totalen Geistesverwirrung unserer Tage wäre es beinahe gelungen, dem *Dinkelanbau,* wie vielen anderen urgesunden Überlieferungen, den Todesstoss zu versetzen.

Unter dem Stichwort *Durum* werden bis zum heutigen Tag in manchen Gegenden Europas uralte Speltsorten angebaut – der Weizenschwemme zum Trotz. Allerdings hat auch die Weizenindustrie das Wort *Durum* für Hartweizensorten in Anspruch genommen. Man muss also achtgeben, welches Durum jeweils gemeint ist. Das alte Kultur-Durum, welches fast immer mit dem *Emmer* identisch ist, oder eben das moderne Weizen-Durum.

So z.B. wird in Süd-Italien, in der sogenannten Basilikata-Provinz bis zum heutigen Tag noch das für die italienischen Spaghetti bestens geeignete *Durum*-Spelzgetreide unter dem Namen *Faro* angebaut. Im Zuge der Dinkel-Renaissance hat man sich 1994 durch ein eigenes wissenschaftliches *Durum*-Symposium bemüht, diesem Kulturrest neues Leben, neuen Auftrieb zu verleihen.

Ein auch als *Durum* bezeichnetes sogenanntes *Kamut*-Getreide wird von Amerika aus vertrieben,(angeblich ägyptischen Ursprungs). Unseren Informationen nach handelt es sich um eine alte Emmersorte (Chromosomenzahl) worauf wir die echten Dinkelfreunde auf merksam machen müssen. Es wäre wünschenswert, wenn der Unterschied amtlich festgehalten würde und der echte naturbelassene Bauerndinkel ein international anerkanntes Schutzzeichen bekäme.

Wenn das Interesse weiter wächst, hat die Spelzkorn-Idee die besten Chancen, zu einer kulturellen Vereinigung Europas beizutragen oder sogar dafür den Grund zu legen. Die Menschen und Gelehrten, denen die Spelt-Idee Wesentliches zu geben vermag, wären durchaus imstande, den Neuaufbau unserer Kultur dort zu begründen, wo sie herstammt: Von der Agrikultur. Was alles damit gewonnen wäre, das können wir nur ahnen, wenn wir an das Gross-Experiment der jahrhundertelangen Dinkelkultur im Land der Alemannen denken. Die Folgen eines vereinfachten volkswirtschaftlichen Denkens könnten gar nicht hoch genug eingeschätzt werden. Es wird damit ein Automatismus ingang gesetzt, der in viele Kleinigkeiten eingreift, die wie Zahnräder miteinander verbunden sind.

Wenn zum Beispiel im *Norden* Europas die verschiedenen biologischen Strömungen des 20. Jahrhunderts sich auf der Dinkel-Basis vereinigen könnten, so wird gerade dort, wo klimatische Schwierigkeiten das Getreide als Volksnahrungsmittel an sich infrage stellen (Nord-Norwegen, Nord-Finnland) durch Dinkel eine neue Nahrungs-Autarkie möglich, um das Alte, Erhaltenswerte der neuen Zeit anzupassen.

Mit grosser Freude dürfen wir zur Kenntnis nehmen, dass der dänische Staat in diesem Sinne wachgeworden ist und für die Zwecke der Neuentwicklung zukunftsträchtiger Produkte aus alten Getreidesorten der Agrarwirtschaft und Forschung Staatsmittel zur Verfügung gestellt hat. Das ist ganz logisch, weil gerade kleinere Staaten immer in Gefahr sind, von ihren jahrtausendealten Wurzeln abgeschnitten zu werden. In Dänemark wurden von 2400 v. Chr. bis 335 n.Chr. die Spelzgetreide angebaut. Andere Länder glauben, noch zuviel sonstige Sorgen zu haben, um den Spelzgetreiden jene Aufmerksamkeit zu widmen, welche diese verdienen. Wir würden sagen, kein Staat, der es mit dem Wohl seiner Bevölkerung ernst nimmt, könnte etwas Besseres tun, als Geist und Anbau des Spelzgetreides in Schutz zu nehmen.

In südlichen Ländern ergibt sich ein umgekehrtes Spelzkorn-Problem. Bedingt durch die klimatisch günstigen Verhältnisse muss das Spelzgetreide (mit seinen qualitativen Vorzügen) die moderne Idee der quantitativen Bevorzugung überwinden. Wenn ich weiss, dass ich für Leib und Seele durch ein Kilogramm Speltgetreide mehr gewinne als mit zehn kg Weizen, dann werde ich nicht mehr der Menge, sondern der Subtilität, d.h. der Qualität den Vorzug geben. *Emmer*-Spelt wird vielleicht in südlichen Ländern Triumphe feiern, während vermutlich der Dinkel-Spelt sich mehr für den Norden eignen könnte. Dabei müssen wir den Vorbehalt machen, dass wir noch keine Ahnung davon haben, wieweit jede Speltsorte imstande ist, bei systematischem Anbau sich allen Boden- und Klimaverhältnissen so optimal wie der Dinkel anzupassen. Wir könnten uns denken, dass auch aus dem Einkorn-Spelt eine hinreichend ertragreiche Sorte hervorgehen kann.

Wie weit zwischen Einkorn, Zweikorn und Dreikorn wesentliche physiologische Unterschiede bestehen, kann noch niemand sagen. Immerhin ist die Tatsache auffallend, dass ausgerechnet drei Spelzsorten mit ihren drei verschiedenen Chromosomensätzen existieren. Nach Hildegard entspricht die Dreizahl immer einem Urverhältnis von Wesenheiten. Wir müssen es aber der Zukunft überlassen, hier allgemein gültige und verbindliche Schlüsse zu ziehen.

Bei all diesen Überlegungen gehen wir von der Voraussetzung aus, dass der Pfusch am Dinkel, wir meinen der genetische Pfusch unserer Tage, schleunigst ein Ende findet. Die Aufklärung durch dieses Buch soll dazu einen wesentlichen Beitrag liefern. Wir hoffen, dass die ‚Urvernunft' gerade der Speltbauern und der Speltgelehrten genügt, um die dazu nötigen Mittel und Wege zu finden. Es wäre dringend notwendig, genetisch manipulierte und chemisch behandelte

Nahrungsmittel (und dementsprechende Spelzgetreide-sorten) mit einem roten Giftsymbol zu versehen. *Primum Non Nocere.* – Vor allem Schadensverhütung. In diesem Sinne sollte der Begriff Dinkel-Spelt geschützt sein. Der Weizen in Ehren – aber Hände weg vom Spelt!

Es wäre möglich, Weizen-Vollkornmehl zu gleichen Teilen gemischt mit Dinkel-Feinmehl als Brot in den Handel zu bringen. Damit hätten wir hundertprozentig Gesundes und es wäre auch zugleich eine versöhnliche Geste der Weizendiktatur gegenüber.

Es könnte der Bauernstand aus seiner immer mehr in den Hintergrund gedrängten Kulturträgerrolle wieder zu einer echten Säule der christlich einfachen Kultur werden. Nach Hildegard geht die Welt einer Zeit entgegen, bei welcher der entscheidende Unterschied zwischen den Kindern Gottes und den Kindern der Welt darin besteht, dass sie die wahre Kultur auf Gott gründen. Was könnte dazu geeigneter sein, als die aus der Weisheit Gottes stammende Neu-Erkenntnis dessen, was für den Menschen in der Nahrung gut und schlecht ist? In dieser Klarheit hat es so etwas bisher nie gegeben. Dem Dinkel fällt dabei eine gewisse Schlüsselrolle zu. Bestätigt wird diese Tatsache dadurch, dass von allen Weisheiten Hildegards bisher nur die Dinkel-bewegung sich in grösserem Masse durchgesetzt hat.

Das Kloster St. Hildegard in Eibingen/Rüdesheim, wel-ches neuerdings sich stärker auf den Dinkelvertrieb einstellt, deckt seinen Bedarf an Dinkelwaren zum grössten Teil aus Süddeutschland, aber teilweise auch aus Ostdeutschland. Anscheinend werden im Osten ehemalige Kolchosen als nachfolgende Grossbetriebe weitergeführt. Es liesse sich sonst kaum vorstellen, dass Betriebe von über 1000 ha Grösse sich neuerdings mit Dinkelanbau beschäftigen. Welche Sorten angebaut werden ist uns aber nicht bekannt.

Auch wenn wir grundsätzlich einen Massenanbau von Dinkel nicht empfehlen, sondern lieber eine dezentralisierte mittelständige Bauernkultur bevorzugen würden, müssen wir damit rechnen, dass die weiten Räume des Ostens im Sinne der alten ostpreussischen Rittergüter im Grossbetrieb auch ökonomisch arbeiten könnten ohne allzugrosse kulturelle und qualitative Einbussen. In mitteleuropäischen und traditionellen Anbaugebieten möchten wir aber allen Menschenfreunden dringend raten, Massenerzeugung und Massenbevorratung von Dinkel weder zu fördern noch zu dulden.

## DIE MODERNE DINKELBEWEGUNG

Es wäre eine schlechte Entwicklung der Dinkelbewegung, wenn daraus eine Zwei-Klassengesellschaft entstehen würde. Die Weissmehl- und die Vollmehlklasse. Wenn die Vorzüge des Dinkel-Weissmehles zu stark propagiert werden, so dass die hohen Werte des Vollkornmehles und der Kleiebestandteile in Verruf geraten, dann macht dies erstens den Dinkelgenuss so teuer, dass gewisse gesellschaftliche Schichten nicht mehr in der Lage sind, ihn zu erwerben und zweitens soll das Dinkelweissmehl ein Zugeständnis an die Weissmehlfreunde sein und ein Trost, dass sie nicht darauf verzichten müssen und dabei auch keinen Schaden leiden.

Die ideale Lösung heisst: Weissmehl für Sonn- und Feiertage, Vollmehl für Werk- und Arbeitstage – und wer nicht arbeitet, kriegt überhaupt keinen Dinkel. Die Kranken und Alten ausgenommen. Es wäre schade, wenn die mühsam aufgebaute *Vollkornbewegung* des Dinkels wegen ihr gewonnenes Terrain wieder verlieren würde.

Der Kenner kann durch Kauen sofort den echten rohen Dinkel schmecken, das übertrifft die Analysen des besten Labors. Die Enzyme des Speichels sind in der Lage, nach kurzer Zeit den Dinkelkleber aufzuschliessen und man erhält in Bälde einen vorzüglichen Kaugummi, den menschenfreundlichsten. Kinder verteilen gerne Dinkelkörner in der Schule als Kaugummi-Lieferanten.

## BERICHT EINES DINKELMÜLLERS UND BÄCKERS

von seiner Schweizreise im Sommer 1995:
(Jørn Ussing-Larsen, Bageri AURION, Guldagervej 525, 9800 Hjørring, Dänemark)

"Auf der Durchreise durch Deutschland besuchten wir einen Forscher (Karl Josef Müller), der Versuche macht, *Einkorn* zu veredeln, die Kerngrössen zu erhöhen und damit den Ertrag. Grosse Probleme ergeben sich mit dem Loslösen der Schalen. Das Wild-Einkorn hat kleine Härchen, die überall festhängen und ein Arbeiten damit unmöglich machten.

Im Emmental in der Schweiz sahen wir Dinkel der Sorte Oberkulmer Rotkorn, der war über 2 m hoch und gab 45 dz/ha. Das Anbaugebiet war so steil, dass man nicht mit dem Mähdrescher arbeiten konnte. In einer kleineren Mühle wurden jährlich 300 Tonnen Weizen und 200 Tonnen Dinkel auf sehr einfache und altmodische Weise verarbeitet. Die gut gereinigten Dinkelspelzen wurden für 25 SFR/-100 kg (1 kbm) zum Füllen von Kissen verkauft.

Mit einem Agronom und Mitarbeiter der Pflanzenzucht-Organisation des Kanton Bern, wo speziell der Dinkel heimisch ist, besuchten wir einen Bauern, der die neue Speltsorte *Hubel* (mit eingekreuztem Weizen) anbaute, und später eine Mühle, die diesen verarbeitete. Man musste ein scharfes Auge haben, um den Unterschied zwischen Weizen und diesem neuen Typ Hubel zu erkennen. Er hatte einen kürzeren Halm und ergab eine grössere Ernte. Mit Kunstdünger 65 kg/ ha. Die Ernte war schwierig, da der Halm zähe war. In der Mühle in Emmenmatt war man der

Einkreuzung mit Weizen nicht wohlgesinnt. Dieser Spelt war schwieriger zu hantieren und gab grösseren Schwund. Bei den neuen Sorten *Hubel* und *Lueg* waren 40 % als Saatgut untauglich, bei Oberkulmer und Ostro nur 10 %, diese ergaben auch weniger lose Kernen als die Sorten mit eingekreuztem Weizen.

Spelt Saatgut ging von 500 Tonnen auf 180 Tonnen herunter, aber ist jetzt wieder im Steigen begriffen. Heute baut man in der Schweiz 15-1700 ha Spelt an.

Wir besuchten die Mühle Steiner in Zollbrück, wo nur ökologisch angebaute Getreide verarbeitet wurden, per Jahr 5-6000 Tonnen (700 t Dinkel), wovon der grösste Teil importiert wird. Auch hier war die Stimmung gegen Spelt mit Weizeneinkreuzung schlecht. Die alten Sorten sind leichter zu schälen und die Kunden wollen keinen Dinkel mit Weizenkreuzung wegen Allergie. Auch einen anderen Bauern, der neue Speltarten durch viele Jahre hindurch herangezüchtet hat, besuchten wir. In einigen war Weizen eingekreuzt, in anderen triticale und eine war eine Mutation von Ostro. (Triticale ist nach unseren Informationen eine Weizen/Roggenkreuzung und als solche nach Hildegard ein vollkommener Unsinn, etwa entsprechend dem Drei- oder Vierkornmehl. Hildegard-Freunde lassen die Hände davon.)

In der franz. Schweiz besuchten wir in Delley ein grosses Pflanzenveredelungs-Centrum, wo auch alte Sorten bewahrt wurden. Hier waren einige Wissenschaftler tätig und wir diskutierten die kommenden Probleme, wie die alten Sorten *Ostro* und Oberkulmer Rotkorn in der EG (EU) anerkannt werden könnten, da es Sorten gibt mit höherer Ausbeute und die erwähnten Sorten deshalb nicht aufgenommen werden. Ich wurde gebeten, an die entsprechenden Stellen zu schreiben und zu begründen, warum wir in Dänemark und Schweden diese Sorten gewählt haben..."

# TEIL IV

# Hildegard von Bingen

In früheren Jahren, als ich bereits auf dem Wege war, das Dinkelgetreide in meinem Praxisbereich soweit einzuführen, dass wenigstens meine Patienten jenes für Schwerkranke unbedingt notwendige Spelzkorn verlässlich zur Verfügung hatten, erlebte ich es besonders in frommen Kreisen, dass mit der Namensnennung „Hildegard von Bingen" der Vorhang fiel. Gerade diese Leute, für welche die heilige Hildegard eine absolut unantastbare Grösse darstellt, hatten ihre Meinung von unserer Heiligen dem allgemeinen Schema der Heiligen-Verehrung angepasst. Alle Heiligen sind „brauchbare" Menschen gewesen, d.h. in den Augen dieser Geistlichen nur dazu da, um als Patrone im Himmel angerufen zu werden. Genau das geht bei Hildegard nicht:

Denn als nach ihrem Tode (17.9.1179) das Volk in grossen Scharen an ihr Grab pilgerte und ihre Fürsprache anrief, sollen nach damaligen Nachrichten so viele Wunder geschehen sein, dass die Schwestern auf dem Rupertsberg, wo die Heilige bestattet worden war, in ihrer Andacht sich gestört fühlten. Sie riefen den zuständigen Erzbischof von Mainz zu sich, der sich vor der Grabstätte der heiligen Hildegard aufpflanzte und kraft seiner Binde- und Löse-Gewalt über den Tod hinaus der Heiligen befahl, mit dem Wunderwirken sofort aufzuhören. Und-oh letztes Wunder: Sie gehorchte. Sie gehorchte bis zum heutigen Tag.

Wem dieser Standpunkt Entsetzen einflösst, dass man eine Heilige gar nicht anrufen darf, dem sei zum Trost gesagt, dass noch zwei weitere Hildegarden in den Himmel aufgenommen und damit Heilige sind. Wenn man also nur an eine Heilige namens Hildegard im Jenseits sich wendet, darf man wissen, dass dann „Drüben" eine von den beiden anderen hl. Hildegarden (Hildegard von Schwaben, die zweite Gemahlin Karls des Grossen, und die heilige Hildegard, Markgräfin von Kärnten) sich angesprochen fühlt und ihre Namensschwester würdig vertreten wird. Wie sagt eine Stigmatisierte unserer Tage: „Der Glaube macht alles wesentlich!" Das heisst, wer einen starken Glauben hat, kann selbstverständlich Kontakt mit den Jenseitigen aufnehmen und sogar Berge versetzen.

Das Thema Glaube ist ohnehin beim Namen Hildegard angesprochen. Auch sagt Paulus: „Was man ohne Glaubens-Überzeugung macht ist Sünde." Das will ich vorweg betont haben, denn ich schäme mich nicht, zu behaupten, der Umgang mit Hildegard setzt entweder den Glauben voraus oder er macht gläubig. Übrigens hat sogar Hildegard ein eigenes Glaubensbuch geschrieben, welches unserer ungläubigen Zeit einen Spiegel vorhält, das berühmte erste Gross-Buch: *Scivias,* Wisse die Wege (des Lichtes).

Als Hildegard mit 43 Jahren das dritte Licht, ihr drittes Gesicht, empfing, wurde ihr ausdrücklich mitgeteilt, dass ihre Bücher auf den Wegen des Lichtes zu ihr kommen. Demnach gibt es drei Qualitäten des himmlischen Lichtes: Das Licht, das allen Menschen leuchtet, die in diese Welt kommen. (Joh. 1:1 ff). Wie auch das Volk immer noch sagt: ‚Ein Mensch erblickt das Licht der Welt' wenn er seinen ersten Schrei tut.

Schon Paulus kennt ein weiteres Licht des Glaubens, wie vielen Stellen seiner Briefe zu entnehmen ist. Dieses zweite Licht hatte bei Hildegard bewirkt, dass sie schon vor der Geburt im Mutterschoss eine Erleuchtete war, wie sie selbst in einigen autobiographischen Teilen ihrer Vita

(Lebensgeschichte) schreibt. Dieses zweite Licht, dieses Charisma, empfängt ein Christenkind schon im Mutterschoss, wenn die christlichen Eltern es von Anfang an dazu disponiert haben. Ihre frommen Eltern, (Mechthild und Hildebert), adelige Freiherren von Bermersheim bei Alzey, waren über ihre vorausgegangenen neun Kinder so beglückt, dass es für sie eine Ehrensache war, ein zehntes Kind von vornherein Gott zum Dank als Zehent zu weihen. So konnte die Gnade Gottes schon vom Mutterschoss an das Kind mit einer Sehergabe erfüllen.

Das zweite Gesicht, welches wir von einigen Heiligen sehr gut kennen, Marthe Robin in letzter Zeit im Elsass, Therese von Konnersreuth in Deutschland, Katharina Emmerich in Westfalen, Anna Maria Taigi in Rom, ermöglicht es, hinter die Dinge zu sehen. Solche Menschen taugen nicht für die Welt, wenn sie Christen sind. Das himmlische Licht überstrahlt das irdische Licht. So war es auch bei unserer kleinen Hildegard. Als ihre Eltern sahen, dass Klein-Hildegard mehr sah als andere Menschen, vertrauten sie ihren Schatz einer Edelfrau, Jutta von Sponheim, zur weiteren Erziehung an. So wuchs Hildegard vom achten Lebensjahr an in der Zucht und Disziplin benediktinischen Geistes auf, trat mit sechzehn Jahren dem Orden St. Benedikts bei und blieb diesem bis zu ihrem Tode im 81.Lebensjahr treu. Treue ist für einen christlichen Menschen kein leerer Wahn und Hildegard brauchte diese Gabe doppelt. Es ist nicht leicht, Mensch zu sein, und noch schwerer, Ausnahmsmensch zu sein. In ihrem 43. Lebensjahr empfing Hildegard das dritte Licht. Sie bekam ein ganz neues Wesen, wie sie schildert, und sah von Stund an vor ihren wachen Augen eine Art flimmernde Wolke und in dieser Bilder und Schriften und hörte daraus eine himmlische Stimme. Unsere Pathologen haben sich vergebens bemüht, dieses Phänomen mit einem medizinischen Namen zu versehen. Es steht jenseits und über aller Heilkunst und ist eine Zusammenfassung der Weisheit Gottes. Gleichzeitig mit diesem dritten Licht erhielt Hildegard den Auftrag aus dieser himmlischen Stimme: „Was Du siehst und hörst schreib nieder, es ist von Mir, der Ich bin, und nicht aus menschlicher gelehrter Wissensquelle. Nicht nach Menschenart, nicht aus verstandesmässiger Erfindung, … sondern wie Du es in himmlischen Wirklichkeiten siehst und hörst."

Hildegard war unterdessen die Leiterin einer Ordensgemeinschaft von adeligen Benediktinerinnen geworden. Aber noch war dieses Kloster angebaut und unterstellt einem Männerkloster (Disibodenberg). Das gab es damals in allen Ehren und Treuen. Es ist ungeheuer schwer für uns, sich in eine christlich-fromme mittelalterliche Mentalität hineinzudenken. Das Mass von Gottesfurcht, das damals gerade noch die guten Christen in Europa besassen, gab diese Grundlage wie sie sein soll, sein muss und wie sie jeder Christ haben müsste.

Das erste Bild des ersten Gross-Buches beginnt gleich mit der „Felsen-Gebirge" genannten Gottesfurcht, welche ewig und unverrückbar für einen gläubigen Menschen zu sein hat. Hildegard schrieb nicht nur im Namen Gottes, sondern im Namen des Dreieinigen Gottes, wovon die Schlussformeln ihrer Gesichte Zeugnis geben. Mit dieser Weihe begann sie und schrieb sie bis in ihr 78. Lebensjahr nach Diktat der Weisheit Gottes. Alle ihre schriftlichen Hinterlassenschaften, also in erster Linie die drei Gross-Bücher und das Medizinbuch, entstammen ausschliesslich dieser himmlischen Quelle. Lieber Leser, wenn Du Dir das vor Augen hältst, dann können wir Freunde werden. Dann wirst Du auch begreifen, dass ich während meines Medizinstudiums bei dem ersten Kontakt mit dem medizinischen

Buch Hildegards von der darin enthaltenen Weisheit auch auf medizinischem Gebiete gefesselt und erschüttert war. Nur diese Sicht auf das Werk Hildegards wird dem Phänomen Hildegard einigermassen gerecht. Alle Halbkenner – auch sogenannte Hildegardfreunde – irren sich und täuschen sich in der Allmacht Gottes, wenn sie die Bücher Hildegards auf andere Weise entstanden denken. Gott konnte, wollte und – wenn ich so sagen darf – musste eine Hildegard schaffen. Die Prophetien Hildegards über Gegenwart und Zukunft, welche uns allerdings in diesem Buch nicht beschäftigen, erklärten die Existenz Hildegards gewissermassen „amtlich" als zeitbedingt notwendig. Ich möchte noch hinzusetzen, notwendig vor allem für unsere Zeit.

Alles verlangt danach, dass endlich das dunkle Chaos unserer Tage von höchster Warte aus erhellt werde. Und Gott schweigt. Schweigt er wirklich? Eben nicht. In Hildegard redet er deutlich und mehr als deutlich und es ist kein Zufall, dass in unseren Tagen der totalen Verwirrung der Geister eben jetzt eine Botschaft des Himmels uns erreicht, welche 800 Jahre, (1179-1979) in Klöstern verstaubt und vergraben war.

Erst in dem genannten Jahr (1979) nahm die offizielle Kirche anlässlich des 800. Todestages wieder ernstlich von der grossen rheinischen Seherin Hildegard Notiz. Allerdings mit einer Einschränkung. Die medizinischen Schriften der heiligen Hildegard werden von vielen superfrommen Menschen falsch beurteilt. Nichtkenner, „Möchtegerne" und „Auch-Hildegardfreunde" meinen, kompetent dafür zu sein um zu beurteilen, ob ein medizinisches Wissen irdischen oder überirdischen Quellen entspringt. Ähnlich wie bei Rudolf Steiner könnte diese Unterscheidung tatsächlich Schwierigkeiten bereiten. Nicht aber bei der

Heiligen Hildegard von Bingen. Bei ihr bilden Leben und Werk eine so klassisch geschlossene Einheit, dass für den Kenner ihres Lebens und für den Kenner ihrer Medizin nicht der leiseste Zweifel aufkommt, dass auch ihr Naturwissen ausschliesslich der Weisheit Gottes entstammt.

Zu diesem Naturwissen gehören Kenntnisse der geheimen Kräfte, welche Gott in alle Pflanzen, in Bäume, Edelsteine und Tiere, ja sogar in die vielerlei Erden und zwölferlei Wässer hineingelegt hat, um dadurch der Menschennatur Hilfsquellen zur Verfügung zu stellen. Weitaus die meisten Menschen kommen über den Zustand des natürlichen Menschen nicht hinaus. Auch diesen hilft Gott durch die Enthüllung der Subtilitäten der Geschöpfe, jener sonst unbekannten Kräfte, die Leib und Seele des Menschen berücksichtigen. Gerade dieser Faktor fiel in der modernen Medizin vollkommen weg. Man spricht zwar von Ganzheits-Medizin (im Rahmen der Holistik), schiesst aber weit am Ziel vorbei. Aus keinem anderen Grunde, weil die Seele immer noch das unbekannte Wesen ist – so wenigstens aus der Sicht der Hildegard-Schriften, welche unerhört neue Erkenntnisse über die Seele erschliessen. Wir haben das Wort und den Begriff *Subtilität* gewählt, weil es bisher noch von keiner medizinischen Richtung missbraucht wurde. Wir Hildegard-Leute stehen auf dem Standpunkt, es gibt nur eine echte Medizin. Die Anweisung der medizinischen Schriften Hildegard von Bingens ist zwar ein geschlossenes eigenes Therapie-System, ordnet sich aber in die Wissenschaft der Heilkunde, wie sie an den Hochschulen gelehrt wird, ausgezeichnet ein. Man muss nur wissen, dass 50 % unseres an den Hochschulen gelehrten Wissens auf jedem Gebiete entsprechend der Totalverwirrung unserer Zeit mit unendlich vielen Hypothesen und Theorien arbeitet, welche mangels besseren Wissens uns als Wahrheiten unterschoben werden. Gerade Hildegard hat mich auch viel über diese Tatsachen aufgeklärt.

Wie Hildegard in ihrem Leben von vielen zünftigen Theologen und vor allem von ihren Vorgesetzten Schwierigkeiten über Schwierigkeiten gemacht bekam, so geht es auch den Neuerweckern ihrer Schriften. Hildegard musste sich mit Mühe und Not die Befreiung vom Männerkloster (auf dem Disibodenberg) erkämpfen, um ihr eigenes Frauenkloster im Auftrag Gottes auf dem Rupertsberg bei Bingen errichten zu können. Desgleichen hatte sie sogar Schwierigkeiten in ihrer eigenen Schwesternschaft, welche nicht einsahen, warum ihre Äbtissin Hildegard sie aus einem gemütlichen Dasein in das Opferdasein einer Neugründung auf dem Rupertsberg versetzen sollte.

Zeitlebens erfüllte Hildegard nur den Willen Gottes, der ihr durch ihr zweites und drittes Licht viel besser bekannt war als allen übrigen Menschen bis zum heutigen Tag. Nachdem die Schwierigkeiten der Klostergründung bei Bingen mit Hilfe ihrer adligen Verwandtschaft einigermassen behoben waren, tauchten neue Widersacher auf, weil man es ihr zum Vorwurf machte nur Adelige als Chorfrauen in ihr Kloster aufzunehmen. Gegen Schluss ihres Lebens legte sich das zuständige Ordinariat des Erzbistums Mainz quer aus nichtigem Grunde. Die zwei letzten Jahre ihres Lebens musste sie sich mit diesen geistlichen Herren herumraufen, um dann schliesslich doch recht zu bekommen. Sollte es unserer Hildegard-Medizin anders ergehen?

Nicht nur die Subtilitäten-Lehre bereitet unseren Gelehrten Schwierigkeiten. Auch bei der Hildegard-Medizin erlebten wir die vier Stadien aller wissenschaftlichen Neuerungen: Zuerst ignorieren; man übersieht und schweigt sie tot. Gelingt das nicht, macht man sie lächerlich. Hat dies auch keinen Erfolg, dann bekämpft man sie mit allen Mitteln, die den sogenannten Fachleuten zur Verfügung stehen, um ihre bisherigen Meinungen als letztgültiges Wissen zu verteidigen. Diesbezüglich hat sich seit Pythagoras nichts geändert. Immer wieder zittern Hekatomben von Ochsen vor dem Geopfertwerden, wenn eine neue, wesentliche Erkenntnis auftaucht. Und wenn das auch noch nichts geholfen hat, dann war die hohe Wissenschaft schon immer dafür gewesen…

Liebe Hildegardfreunde, wenn Ihr dieses Dinkelbuch in die Hand nehmt und damit auch „meine" Hildegard, so habt ihr eine Mischung aus dem, was die Weisheit Gottes vor 800 Jahren niederschreiben liess und dem Wissen eines modernen, ringenden und forschenden Arztes. Jeder echte Arzt weiss, man lernt nie aus. Dessen bin ich mir bewusst, wage es aber trotzdem, das Dinkelbuch – unser Dinkelbuch – nach bestem Wissen abzufassen.

Wenn Hildegard keine Naturforscherin, keine Ärztin, keine Komponistin, keine Schriftstellerin, keine Forscherin, keine politische Ratgeberin war – ja, was war sie denn dann? In meinen Augen das vollkommenste Gottesinstrument des Mittelalters, welches den Höhepunkt der Christenheit („um Elfhundert") in unsere Zeit hinübergerettet hat. Wenn das Wissen Hildegards aus der Weisheit Gottes stammt und – wie ich nachweisen kann – fast völlig unverfälscht uns überliefert wurde, dann ist meiner Ansicht nach jeder Heilkundige „dem seine Patienten Tag und Nacht fürgehen" (Theophrastus von Hohenheim, genannt Paracelsus) verpflichtet, sich mit dem Wissen Hildegards zumindest ernstlich auseinanderzusetzen.

Das wird Ihnen, lieber Leser, liebe Leserin, wohl auch nicht erspart bleiben und ist ja weiter auch nicht schlimm. Denn letzten Endes gilt immer noch der bekannte Spruch von J.W. v. Goethe: „Was du ererbt von deinen Vätern hast, erwirb es, um es zu besitzen." Das heisst, sich das Vätererbe anzueignen, dass es in Fleisch und Blut übergeht, ist die notwendige Arbeit, die wir leisten müssen, um es wirklich zu besitzen. Ich beschäftige mich jetzt ungefähr 60 Jahre mit Hildegard von Bingen allgemein und mit ihrer Medizin im Besonderen. Mich hat das Elend der Krebskranken zur individuellen Krebsforschung getrieben und letztlich zum Krebsmittel Hildegards geführt. Dass dieses sich noch nicht offiziell durchgesetzt hat liegt gewiss nicht bei mir. Ich habe davon noch 2 Flaschen im Keller für den Fall, dass ich einmal einen Krebs bekommen sollte.

Fast alle Bücher der heiligen Hildegard sind voll medizinischer Hinweise und Anklänge, selbst wenn man von den Bezügen auf das Seelenleben absieht. Ja, ihr letztes Buch, *Liber Divinorum Operum* (1166-73) ist voll medizinischer Grundwahrheiten, die in dieser Ausführlichkeit nicht einmal in ihrem Lehrbuch der Medizin, *Causae et Curae,* beschrieben werden. Dort findet sich eine Säftelehre, die den Arzt beeindrucken muss. Wie kann Jemand wissen, wie die Säfte durch Leber, „Nabel", Lenden und Nieren strömen? Welche Krankheiten können dabei entstehen? Wie weit hat die Witterung auf diese Krankheiten einen Einfluss? Wieweit hängt die Lebens- und Denkensweise eines Menschen damit zusammen? Unerhörte Dinge, die wir Ärzte nie geahnt haben, nicht einmal ein Hippokrates und noch ältere kritische Ärzte, lesen wir bei Hildegard.

Nicht genug damit. Eine Art Geheimschrift der heiligen Hildegard (Notizen, Aphorismen), welche in den letzten Lebensjahren entstanden sein muss und von der Basler Hildegardgesellschaft in unseren Tagen übersetzt und herausgegeben wurde (Berliner Fragmente, 1987) enthält noch viel geheimnisvollere Angaben über Vorgänge in der Natur und in ihrer Beziehung zu den Menschen. Bekanntlich war lange Zeit die Kleine Welt, der Mensch, von den medizinischen Autoritäten mit der Grossen Welt, dem Kosmos in Analogie gesetzt worden. Auch bei Hildegard ist der Mensch ein Mikrokosmos, in dem sich alle Dinge befinden, wie in der Welt auch, und alle Vorgänge abspielen, die sich im Kosmos abspielen. Wenn uns diese Denkweise heute ferne und überholt scheint, so muss das nicht immer so bleiben. Ich kann mir denken, dass eine Ärzte-Generation, welche Hildegard ernst nimmt, eines Tages mit Erstaunen feststellen wird, wieviel an diesen Dingen echter Kern ist. Wir können Hildegards Heilkunde mit den medizinischen Kenntnissen ihrer Zeitgenossen nicht erklären. Das in ihren Schriften niedergelegte medizinische Wissen hat mit zeitgenössischem Wissen nur die Fachausdrücke gemeinsam, nicht den Inhalt. Es übersteigt himmelweit das, was ein Arzt damals wusste und wissen konnte, es übersteigt sogar das Wissen der Gelehrten unserer Tage.

Wir sind sehr stolz auf die Errungenschaften unserer medizinischen Forschung. Mit Recht. Wenn wir aber ehrlich sind, bleibt gerade auf dem Gebiet der Therapie die Zahl der Ungeheilten nicht nur gleich gross wie früher, sondern nimmt nach gewissen statistischen Ergebnissen sogar noch zu. Da muss sich doch jeder sagen: Da stimmt etwas nicht an unserer Medizin, an unserer Therapie. Auch wenn wir als Ärzte (in Deutschland) Jahr für Jahr sensationell aufgemachte Prospekte neuer Pharma-Erzeugnisse in die Hand gedrückt bekommen, wonach gerade dieses Mittel alle 20 bisherigen weit übertrifft, so kann das dem Kenner nur ein Schmunzeln entlocken. Werbung muss sein, und jeder Kaufmann lobt seine Waren. Wir haben auch in diesem Buch etwas über die notwendige Dinkelwerbung geschrieben. Aber nirgends ist die Werbung so gefährlich wie auf dem Gebiet der Arzneimittel. Ich habs erlebt. Wenn ich etwas zu reden hätte, würde ich die Arzneimittelwerbung verbieten. Es geht nicht darum, dass man dem Arzt jederzeit den neuesten Schrei der Wissenschaft aufzwingt. Ob ein neues Mittel gut oder schlecht ist, wird er schon durch Erfahrung herausbekommen. Das Aspirin z.B. hätte sich auch ohne Reklame durchgesetzt – zumal auch bei Hildegard aus der Weide ein Fiebermittel hergestellt werden kann…

Wir haben also bei der Neueinführung des Dinkels in das medizinische Denken auf der einen Seite das Manko, mit den neuesten Medizin-Aposteln in einen Topf geworfen zu werden. Andererseits sind wir doch verpflichtet, einen eindeutig erkannten Fortschritt der Ernährungslehre nicht unter den Scheffel zu stellen. Mit dem Dinkel beginnt eine neue Ernährungslehre.

Wie ist das möglich? Durch die Überlegenheit der Weisheit Gottes über jede menschliche Weisheit. Das wäre demnach sozusagen der „Deus ex macchina", der erlösende Gott aus der Maschine? Im griechischen Trauerspiel war dies bekanntlich das „Happy End" welches alle Erschütterung der Tagödie in Harmonie auflöste. So unglaublich es klingt, in Hildegard wird dies zum Ereignis. Ich kenne sonst keine frommen oder auch nur gelehrten Schriften, welche dem Ideal einer Weisheit von Gott so nahe kommen, wie die Schriften der heiligen Hildegard. Ich selbst wollte mich lange Zeit gegen diese Erkenntnis sträuben, und sträube mich manchmal noch bis zum heutigen Tag, wenn ich keinen Erfolg damit habe. Aber immer wieder stelle ich fest, die Ursache liegt nicht bei Hildegard, sondern bei mir. Wir verstehen viel von der Medizin durch die Forschungen unserer Tage. Dadurch verstehen wir etwas mehr von den medizinischen Schriften Hildegards als alle Generationen vor uns. Wir brauchen uns nicht zu wundern, wenn bei

Hildegard eine Blutgruppen-Lehre entwickelt wird, die unsere noch übertrifft; wenn die Kenntnisse über die Säfteströme des Menschen durch die Hormon- und Vitaminlehre noch lange nicht erschöpft sind; wenn wir erfahren, dass das Herz, die Leber, die Lunge, der Magen-Darm ein eigenes Eiweiss besitzen, welches der Körper als solches erkennen kann, wie es bei Hildegard beschrieben wird und für die Entstehung der Krebskrankheit wichtig ist. Die berühmten modernen Auto-Immun-Aggressions-Krankheiten finden sich bei Hildegard wie selbstverständlich. Von den Blutgasen und ihrer Pathologie, die bei Hildegard beschrieben wird, gar nicht zu reden. Erst wenn wir mit unserer Forschung diesen Angaben Hildegards etwas näher gekommen sein werden, haben wir z.B. den Schlüssel zu vielen Gehirnkrankheiten. Einem echten Arzt sage ich dabei nichts Neues. Nur der Mediziner ist sich seiner Gottähnlichkeit noch zu sehr bewusst. Das Volk und ehrliche Ärzte wissen längst um die Brüchigkeit unseres Medizinalsystems. Darum neigen sie ja immer mehr der sogenannten alternativen Medizin oder Volksheilkunde zu. Hildegard ist eine Heilkunde fürs Volk, aber sie ist nicht nur Volksheilkunde. Sie wäre die ideale Brücke zwischen der sogenannten klassischen und der alternativen Medizin.

Wenn ich mich mit diesem Buch für den Dinkel einsetze, so habe ich die gleiche Erfahrung machen müssen, dass man mir entgegengehalten hat: Was ist Wahrheit? Die Dinkelwahrheit ist sicher nur ein winziger Bruchteil der Gesamtwahrheit. Dennoch meine ich, dass sie im Stande ist, das Ernährungssystem auf eine gesündere und wahrheitsgemässere Grundlage zu stellen als bisher. Weit davon entfernt, aus dem Bauch einen Gott zu machen, kann es nach der Subtilitätslehre à la Hildegard nicht gleichgültig sein, ob ich Zwiebel und Knoblauch oder Porrey und

Erdbeeren in meinem Nahrungssystem als positiv gelten lasse. Das Tabu der Heiden und die koschere Kost der Juden haben in manchen Dingen sehr wohl natürliche Grundlagen. Bei Gesundheit und Krankheit geht es genau um die natürlichen Anlagen des Menschen. Das Licht der Natur, von welchem Paracelsus ein Fünklein erhascht zu haben glaubte, ist leider in allen Menschen getrübt. Das zweite Licht selten und das dritte Licht nur bei Mystikern zu finden wie bei Hildegard.

Die Medizin hat es also mit der Natur zu tun. Die Erblehre, welche seit dem Fiasko der Hitlerleute etwas anrüchig geworden ist, hat nach Hildegard durchaus seine natürliche Berechtigung. Dem Nicht-Christen stehen da manchmal die Haare zu Berge (Empfängnis-Lunar). Wir Christen allerdings tun uns dabei etwas leichter, da wir wiedergeboren sind und das zweite Licht uns zur Verfügung stehen sollte. Aber kein Mensch ausser Hildegard wusste, dass es frohmachende und weniger frohmachende Nahrungsmittel gibt. Das braucht noch nicht einmal auf einer übernatürlichen Funktion zu beruhen, obwohl die Freude nicht nur natürliche sondern auch übernatürliche Grundlagen haben kann. Diese und ähnliche feine Unterschiede (in den Nahrungsmitteln z.B.) machen die sogenannte Subtilitätslehre bei Hildegard aus. Wir haben ein entsprechendes Leitmotiv an den Kopf unseres Buches gesetzt.

Dadurch werden den Forschern ganz neue Aufgaben gestellt, die bisher niemals in der Ernährungswissenschaft berücksichtigt wurden. Verdaulichkeit, hundertprozentige, ist gut und im Tierversuch nachweisbar. Erheblich schwieriger wird es sein, Menschenfreundlichkeit experimentell festzustellen. Die Natur ist nicht nur menschenfreundlich, sondern auch menschenfeindlich geworden und wird es immer mehr (nach Hildegard). Das Tun und Lassen der Menschheit hat Rückwirkungen auf den Kosmos. Aber selbst davon abgesehen kennen wir auch bei den einzelnen Menschen noch viel zu wenig die naturgegebenen Typisierungen. Wer weiss z.B. den Zusammenhang zwischen den fünf Augentypen und dem Charakter wie bei Hildegard? Wer kennt den wesentlichen Unterschied – Subtilität – zwischen Hund und Wolf? Die Erbunterschiede und die heutigen Möglichkeiten, erbändernd einzugreifen, erschliessen der Wissenschaft eine Dimension, welche stellenweise an das Kriminelle grenzt. Wir brauchen nach Hildegard keine Gen-Manipulation vorzunehmen, weder bei den Nahrungsmitteln noch beim menschlichen Erbgut. Was dabei herauskommt, kann nur schlechter sein als das, was Gott damit geplant hat. Glauben wir doch nicht, dass wir die Natur überlisten können. Wir sind zwar dazu da, die Herrschaft über die Natur wieder zu erringen, die wir damals im Paradies verloren hatten, aber nicht um die Natur zu manipulieren.

Es gibt zur Zeit kein echtes Hildgard-Zentrum und wahrscheinlich werden wir noch darauf warten müssen. Besonders in der Heimat Hildegards, im Rhein-Nahe-Gebiet hat man erst wieder angefangen, von den Möglichkeiten der natürlichen Qualitätsverbesserungen unserer Nahrung Notiz zu nehmen, vom Dinkel. Wenn wir den Dinkel richtig einsetzen, so ist es nicht zuviel gesagt, dass wir damit eine tagtägliche Heilbasis haben, welche durch kein anderes Nahrungsmittel ersetzbar ist. Ist das keine Revolution auf dem Gebiet der Ernährung? Wahrscheinlich haben auch die Zeitgenossen Hildegards das noch nicht gewusst, wie sie überhaupt ihre medizinischen Schriften nicht zur Kenntnis genommen haben. Es ist beinahe ein Wunder, dass sie doch erhalten geblieben sind durch die vergangenen achthundert

Jahre. Man kann darüber und über andere biographische Daten zum Leben Hildegards in der besten Hildegard-Biographie von Eduard Gronau (Christiana-Verlag 1991) nachlesen. Hildegard-Romane und überhaupt auf lexiko-graphischen Angaben beruhende „moderne" Hildegard-Artikel sind mit grösster Vorsicht zu benützen, weil sie fast alle nachweislich von falschen Voraussetzungen ausgehen. Wenn zum Beispiel Hildegard eine „ungewöhnliche Kennt-nis auf dem Gebiet der Philosophie, der Heilkunde, der Künste, der Natur und Wetterkunde" zugeschrieben wer-den, dann ist nur soviel daran wahr, dass es Kenntnisse aus der Weisheit Gottes sind, die bei Hildegard oft nach Bedarf auftauchen im Zusammenhang mit ihrem himmlischen Diktat, die aber ebenso oft unbekannt waren, also nicht das waren, was wir als menschliche Erkenntnisse zu bezeichnen pflegen. Wenn wir die Grossen der Menschheit und ihre Kenntnisse rühmen, so hat das mit den Kenntnissen Hildegards gar nichts zu tun. Gott hat seine Schreibgehilfin 43 Jahre lang durch viele Krankheiten und durch Süss und Sauer gezogen, bis er sie zu einem (menschlich gesprochen) fügsamen Werkzeug seines göttlichen Willens herangebil-det hatte. So etwas hat mit den normal erworbenen Fach-kenntnissen nichts zu tun. Sie werden aber in allen moder-nen Artikeln über Hildegard den einen oder anderen Passus finden, wo die Person Hildegards wegen ihrer sogenannten Kenntnisse in den Himmel gehoben wird, wobei selbst-verständlich der göttliche Faktor ihres Wissens verschwin-det.

Die Amtsmedizin muss auch sein. Ich will mich gar nicht beschweren, dass auch der Papst lieber seine Leibärzte als die Hildegard-Medizin zu Rate zieht. Ich habe überhaupt Verständnis dafür, wenn Jemand dem Apparat der Medizin mehr vertraut als seinem Hausarzt. Ich habe auch nichts dagegen, wenn einer zu einem jüngeren Arzt mehr Vertrauen als zu einem älteren hat. Das sind alles Menschlichkeiten. Aber ich wehre mich dagegen, dass Leute, die von Medizin überhaupt nichts verstehen, an meiner ärztlichen Gewissenhaftigkeit zweifeln, wenn ich aus meiner Praxis-Erfahrung sage: *Dinkel ist das beste Getreide.* Ich sage sogar noch mehr: Dinkel ist das einzige Getreide und die einzige Nahrung, die in sich die Fähigkeit hat, in Notfällen alles zu liefern, was die Lebensfähigkeit über Wasser hält.

Unsere Zeit ist voller Radikalitäten auf allen Gebieten. Alles Alte soll auf einmal schlecht sein und soll abgeschafft werden. Das gilt in der Medizin, in der Politik, in der Finanz und in der Philosophie. Ich kann nichts dafür, dass Hildegard 800 Jahre brach liegen blieb. Niemand kann etwas dafür. Die Schuld beginnt erst dann, wenn man wider besseres Wissen, eventuell aus finanziellen Überlegungen heraus, über die Hildegard-Therapie ein Urteil abgibt, ohne auch nur die geringste Erfahrung damit gemacht zu haben. Ich will gerne zugeben, dass auch nach Hildegard keineswegs alle Patienten gesund werden oder gar geheilt werden können. Aber das weiss ich, dass mit modernen Methoden allein keiner geheilt wird. Zum Heilwerden (im Sinne der Ganzheit) gehören Leib und Seele. Was nützt es dem Menschen, wenn er eine Super-Gesundheit gewänne, und an seiner Seele Schaden litte?

Alles spricht dafür, dass die Wiederentdeckung der Hildegard-Schriften – gleich ob theologischer, philosophischer oder medizinischer Art – trotz ihrer Abfassung zur Hildegard-Zeit für unsere Tage bestimmt waren. Die Weisheit Gottes konnte nicht früher und nicht später diese Schriften einem mystischen Empfänger diktieren. Warum nicht? Hildegard, die Prophetissa Teutonica (Deutschlands

Prophetin) gibt auf höhere Eingebung hin an, dass ihre Schriften bestimmt seien, eine tragische Epoche der Menschheit zu überbrücken. Was sage ich? Nicht der Menschheit, sondern der Christenheit! Nach Hildegard ist das fast identisch. Denn wie Gott einst auf das auserwählte Judenvolk geblickt hat und die Geschichte des Gottesreiches von diesem geschrieben wurde, so blickt er heute auf das neue Gottesvolk, das Christentum, bestehend aus Juden und Heiden. Denn im Christentum gilt nicht Jude oder Heide oder Mann oder Frau usw. (Paulus, Römer 10;12), und gerade das Christenvolk hat seit den Tagen Hildegards schmählich versagt – wie Hildegard vorausgesagt. Wie kam das?

Das Unglück begann, man kann die Jahreszahl genau festlegen, in dem Jahr, als eine päpstliche *Sedisvakanz* bestand, also noch kein neuer Papst gewählt war nach dem Tode des vorhergehenden. Diese Jahreszahl heisst 1054. Damals haben sich die „Stellvertreter", in Rom der Petrus-Nachfolger und der Andreas-Nachfolger in Konstantinopel gegenseitig exkommuniziert, das heisst, aus der Kirche ausgeschlossen. Damit war der Teufel losgelassen. Wir können vom christlichen Standpunkt aus sagen, das Reich Gottes hatte dadurch eine Pause von 800 Jahren. Es gab fromme und heilige Priester und Christen in dieser Zeit, selbstverständlich. Aber mit dem Reich Gottes ging es mehr abwärts als aufwärts. Auch die Person Martin Luthers hat daran nichts geändert. Ich möchte soweit gehen und behaupten, dass mit der Wiederentdeckung der Hildegard-Schriften ein göttlicher Plan erfüllt wird und sogar ein erstes Anzeichen des wieder gnädigen Gottes darin zu sehen ist. 800 Jahre hatte der Teufel Narrenfreiheit, von Hildegard bis heute.

Anschliessend will ich meine Lesegemeinde auch noch

ein bisschen über mich persönlich informieren und einige Gedanken über Hildegard anfügen und darüber, wie ich zu Hildegard kam.

## „Meine Hildegard"

Als ich 1932 das Gymnasialstudium beendet hatte, machte ich mir noch keine Gedanken, wie es weitergehen soll. Ich wusste nur eines, einen technischen Beruf darf ich nicht ergreifen, um meinen Bruder nicht eifersüchtig zu machen, der diesen zwei Jahre zuvor begonnen hatte. Eine gewisse Naturverbundenheit liess mich am ehesten an den Beruf eines Geometers denken, um meine mathematischen Fähigkeiten zum Tragen zu bringen und auch in der freien Natur schaffen zu können.

Der Arztberuf meines Vaters und Grossvaters hat mir damals wenig imponiert, wie ich denn überhaupt mir niemals Gedanken machte, durch welchen Beruf ich meinen Lebensunterhalt verdienen müsse. Die Ängste der heutigen Jugend, ob für mich auch ein Arbeitsplatz vorhanden sein wird, kannte man damals nicht. Die Jugend machte sich weniger Sorgen als heute, was eigentlich normal wäre. Mag sein, dass meine natürliche Religiosität dabei mitspielte, wenn ich das Leben eher als ein Spiel denn als eine ernste Sache ansah.

Immerhin wusste ich, dass mein Vater gerne einen seiner Söhne im Fach Medizin-Geschichte habilitiert gesehen hätte. Also ging ich zum Medizin-Studium an die berühmte Universität Wien. Da ich mir nicht vorstellen konnte, jemals als richtiger Arzt an einem Krankenbett zu stehen, hoffte ich, wenigstens so viel bei intensiven Studien zu erreichen, dass es mir gelingen könnte, das Krebsproblem zu lösen. Nicht mehr und nicht weniger.

Es traf sich gut, dass mir eine Anlage für historische

Studien im Blute lag. Also studierte ich nebenbei auch noch die Krebsliteratur bis ins 16. Jahrhundert, bis in die Zeit meines sehr verehrten Paracelsus von Hohenheim zurück. Warum war er mein Arzt-Ideal ? Weil er angeblich das Krebsmittel besass – jenseits der üblichen Medizin. Ich entdeckte sogar deren zwei in seinen Schriften, fand es aber zu mühsam, deswegen auch noch Alchemie studieren zu müssen. So ging meine Suche weiter. Damals fiel mir ein ganz unmögliches, mystisches Buch „Der Äbtissin St.Hildegardis mystisches Tier- und Arzeneienbuch" Wien, 1923 in die Hände. Mit scheusslichen mittelalterlichen Illustrationen, die nur dazu angetan waren, Abscheu davor zu erregen. Denn als normaler Medizinstudent hatte ich keinesfalls die Absicht, mich mit irgendwelchen obskuren Dingen zu beschäftigen.

Wie es der Zufall will, erhielt ich aber auch gleichzeitig damals von einem Onkel die erste (und für lange Zeit einzige) deutsche Übersetzung des Lehrbuches der Hildegard-Medizin. Prof. Hugo Schulz in Greifswald hatte als Hobby-Lateiner die sogenannte Causae et Curae der heiligen Hildegard übersetzt. Ich ahnte damals noch nicht, dass dieses Buch mir zum Schicksal werden sollte und hatte auch gar keine Zeit, mich näher mit seinem Inhalt zu beschäftigen und noch weniger hatte ich eine Ahnung, dass darin tatsächlich das Krebsproblem in geradezu revolutionierend moderner Art gelöst war. Dahinter bin ich erst viel später gekommen. Zunächst nahm ich nur Kenntnis davon, dass es jenseits der medizinischen Tradition ein Buch über Medizin gab, welches der Allgemeinheit völlig verborgen war und welches in ganz neuartiger Weise ein umfassendes Licht auf Welt, Mensch und Medizin warf. Weil die dem Namen nach nicht unbekannte rheinische Seherin Hildegard von Bingen mit ihrer Persönlichkeit dahinter stand, erhielt dieses Werk in meinen Augen einen höheren Rang. Als ich während der Hitler-Zeit zunächst etwas aus der Bahn geworfen wurde, nahm ich mir in meiner Freizeit – auch als Hobby-Lateiner – Hildegard vor, um sie aus dem Latein „in mein geliebtes Deutsch zu übertragen". So lernte ich Hildegard kennen. Als ich mich dann wieder meinem ärztlichen Beruf näherte – nach 1945 – war ich schon so weit aus den Hildegard-Schriften informiert, dass ich sogar ihre Theorie der Krebs-krankheit dort entdeckt hatte. Theorien sind dazu da, um erprobt zu werden. Zehn Jahre Krebsforschung auf privater Basis genügten mir, um festzustellen, dass die medizini-schen Angaben bei Hildegard nicht nur Kopf und Fuss hat-ten, sondern darüber hinaus eine Schatztruhe wertvollster Erkenntnisse darstellten. Für einen ihrer grössten Schätze halte ich eine nach Hildegard aufgebaute Ernährungs-Lehre, welche von der modernen Diät-Therapie ebenso weit entfernt ist wie von der Volksüberlieferung. Selbstverständ-lich wurde der Dinkel dann das *Herz*-Stück der Hildegard-Ernährungs-Lehre (siehe: Küchengeheimnisse).

Beim Aufbau meiner ärztlichen Praxis in Konstanz (1955) versuchte ich anfangs, nur Hildegard-Medikamente einzusetzen. Aber sehr bald zeigte sich, dass mir das für die Praxis notwendige Hildegardwissen samt den dafür not-wendigen Medikamenten fehlte. Gegen den Widerstand der örtlichen Apotheken konnte ich nicht aufkommen. So arbeitete ich zunächst nach der allgemein üblichen Ärzte-methode und konnte im Laufe der Jahre erst allmählich ein Hildegard-Medikament nach dem anderen durch eine befreundete Apotheke für meine Patienten herstellen las-sen. Anfänglich wussten diese noch gar nicht, dass ich nach Hildegard vorging, sondern vertrauten nur meinem „Neuen Naturheilverfahren." Gegen Schluss meiner Tätigkeit als praktischer Arzt war die Hildegard-Therapie durch mein

Büchlein „So heilt Gott" einem grösseren Patientenkreis bekannt geworden. Die Kranken kamen schliesslich nur noch wegen Hildegard und ich konnte von der Kassen-Praxis auf eine Privatpraxis umschalten.

Den „grossen" Durchbruch verdanke ich allein dem Österreicher Helmut Posch, welcher sich erstmals in grossem Masstab der Hildegard-Medikamente annahm und durch den Aufbau eines ersten Hildegard-Vereins (Bund der Freunde Hildegards, zur Zeit 12.000 Mitglieder) neben den Hildegard-Arzneien auch Hildegard-Gedankengut unter das Volk brachte. Heute gibt es mein „So heilt Gott" in italienischer, französischer, schwedischer, ungarischer, tschechischer, niederländischer und spanischer Übersetzung. Entsprechend wuchs der Kreis der Hildegardfreunde. Was uns noch fehlt, sind mehr echte Hildegard-Ärzte. Wir hoffen, dass dies Buch dazu beiträgt, auch in diesen Kreisen Hildegardfreunde zu erwerben.

# Dinkel-Philosophie

Grosse Leute sind bescheiden. Sie können sichs leisten. Der Dinkel auch. Er macht nicht viel Reklame, er sieht nicht raffiniert aus. Aber wenn man ihn liebgewinnt, nimmt man auch die grössere Mühe in Kauf, um ihn näher kennenzulernen. Alte Leute haben viel Lebenserfahrung. Der Dinkel ist alt, uralt, so alt sogar, dass sich die Gelehrten streiten, wie alt er ist. Im alten Dinkelland Schwaben hat er weitgehend den Volks-Charakter bestimmt, humorvoll, genial, bescheiden, lebenstüchtig, kinderfreundlich, fröhlich, sangesfroh, friedlich trotz Dickköpfigkeit. Viele gute Eigenschaften, die sich gegenseitig nicht ausschliessen. Wanderlustig sind die Schwaben auch, trotz grosser Heimatliebe. Es war kein Zufall, dass man seinerzeit ausgerechnet Stuttgart zur Stadt der Auslandsdeutschen erhob. Die meisten Menschen haben einen wunden Punkt, die Schwaben ihrer zwei. Unsere ganze Lebensaufgabe besteht letztlich darin, diesen zu überwinden. Das verlangt ein Leben lang Arbeit an sich selbst, ein Leben lang Energie und Aufgeschlossenheit – genau so wie der Dinkel.

Das Herzstück einer gesunden Landwirtschaft und überhaupt des gesunden Bauernstandes könnte in jeder Hinsicht der Dinkel werden. Wir haben noch keine Ahnung, wieviel vom Gasgehalt des Darmes resorbiert und in den Kreislauf gebracht wird und damit unsere Stimmung ganz erheblich beeinflusst. Wenn wir die Möglichkeit besitzen, unser Leben weniger von Launen abhängig zu machen und auf so einfache Art und Weise sozial ausgleichend zu wirken, haben wir und unsere Mitmenschen davon den grössten

Nutzen. Die Dinkelkultur bildet gleichzeitig einen Ausgleich zwischen arm und reich. Wenn alle das Notwendige haben, fallen die krassen Gegensätze weg. Mit einfacheren Mitteln als durch die Dinkelkultur geht es wirklich nicht mehr. Sie ist sozusagen unser Kultur-Ideal.

Der Mensch muss ein Ideal habe. Alle Ideale haben Vater und Mutter, schöpfen also aus einer Wurzel, die allen Menschen gemeinsam ist. Sie weisen auch auf die Zukunft und es kann gar kein Zweifel sein, dass von Anfang an dinkelgenährte Nachkommen (Schwangerschaft), diese idealen Voraussetzungen mit auf die Welt bringen, in der Kindheit vertiefen, in der Jugend festigen, in der Reife nützen und im Alter bewahren. Kleine Ursachen – grosse Wirkungen, kann man in diesem Falle wirklich sagen. Das Ideal ist ein bewusst gewordenes Wunschbild. Wir sehnen uns nach der Erfüllung in unserer Zeit, nach der Möglichkeit, es in unserem Leben noch zu erreichen. Das Ideal ist auch ein auf die Spitze getriebenes Wissen. Lohnt es sich dafür zu kämpfen?

„Unser Wissen ist Stückwerk" sagt Paulus. Dennoch scheint es verkehrt, nicht nach einem Höchstmass zu streben. Wenn unsere Kräfte allein schon durch den Broterwerb gebunden sind oder durch das ständige Suchen nach einer bestmöglichen Lebensweise, so geht uns viel verloren. Wenn wir einen optimalen Start haben und ihn optimal durchhalten können, wie das ja der Dinkel in gewissem Masse garantiert, sind wir frei für die echten Probleme, ob diese nun von uns oder von der Umgebung ausgehen. Das Bleibende braucht keinen Ersatz. Das Gute braucht nicht verbessert zu werden und man sollte es auch nicht versuchen. Wenn man nun gar noch religiöse Argumente mit hineinnimmt, so könnte es kein schöneres Wappen für die Einfachheit geben als den Dinkel. Ich habe mit Paulus schon einmal gesagt: „Alles Überflüssige ist Sünde". Beim Dinkel fällt wegen seiner einfachen Grundlagen das Überflüssige weg. Es gibt erfreuliche Dinge, die einen bitteren Nachgeschmack hinterlassen. Beim Dinkel ist das nicht der Fall. Auch Nebenwirkungen, welche den Nutzeffekt fast aufheben, fallen beim Dinkel weg. Es gibt Dinge, die uns verführen und auf Irrwege leiten, die wir nachher bereuen müssen. Beim Dinkel ist das auch nicht der Fall.

Die Menschen sind verschieden. Jeder ist ein bisschen stolz auf sich selbst oder sollte es wenigstens sein. Ohne ein Mindestmass von Selbstliebe gibt es keine Nächstenliebe. Auch das ist in der Dinkelkultur drin. Nicht umsonst spricht man von kernigen Menschen, deren Wesenskern dem Leib und der Seele nach in sich beruht. Dafür liefert der kernige Dinkel die besten Voraussetzungen: Er zwingt nicht. Das gibt Individualitäten im besten Sinne, Persönlichkeiten, wie Goethe sagte: „Das höchste Glück der Menschenkinder sei doch die Persönlichkeit". Das geht natürlich nicht ohne Kampf. Die Selbstüberwindung gehört zu den grossen Voraussetzungen der Gottesliebe. Hand in Hand damit gehen die verschiedenen Vorstellungen von der Schöpferkraft und Schöpfergüte Gottes, der in seiner Wunderkraft von keinen so anerkannt wird wie von den Dinkel- und Hildegardfreunden.

Verbunden damit ist immer eine Abkehr und Umkehr, ein konsequenter Weg zum Schöpfergott zurück. Er verlangt nur gewisse Einschränkungen, führt aber mit grosser Sicherheit immer zu ähnlichen Ergebnissen. Wir Christen sind Reformer von Format. Jeder Mensch muss sich zuerst selbst reformieren. Gewissermasen heimkehren als verlorener Sohn und die Freude mitempfinden, wieder in Gnaden aufgenommen zu sein. Dieser Lebensweg ist rein und landet, was das Äussere betrifft, bei einem paradiesischen

Glück des Geborgenseins in der erlösten Natur. „Die Schöpfung harrt der Erlösung durch Offenbarwerden der Kinder Gottes."

Für sie hat das Drama der Weltgeschichte ein Ende. Sie blicken mit der Reife der Kinder Gottes auf die Geschichte der grossen Irrungen, Welt genannt. Aufklärung hiess ein Schlagwort. Ich aber meine, die Welt ist noch nicht genug aufgeklärt: „Verstand ist stets bei Wenigem gewesen." Und so wird es auch bleiben. Der dinkelvernünftige Mensch hütet sich davor, die Welt verbessern zu wollen. Hat er sich nur selbst verbessert, dann hat er alles getan, was möglich war.

Fast alle Grossen in unserer *„Gemeinschaft der Heiligen"* haben die Einfachheit geliebt. Die meisten sogar eine ungewöhnlich strenge Einfachheit. Aber ich meine, die Dinkel-Askese genügt. Einfacher gehts wirklich nicht mehr. Rauschmittel und Reizgifte fallen weg, weil wir auf Dinkelweise zu einem inneren Frohsinn gelangen können, Tag für Tag, Woche für Woche, Dinkeljahr für Dinkeljahr. Wer einen Schatz im Acker gefunden hat, braucht nicht mehr viel Worte zu machen. Ja, er soll es nicht einmal, damit ihm nicht ein anderer zuvorkommt und den Acker vor der Nase wegkauft. Er lernt schweigen. Gar nicht die schlechteste Dinkel-Philosophie. Je beredter unser Leben wird und wir das sind, was wir sein sollen und sein können, werden wir zu einer lebendigen Predigt für das Gute. Die Freude daran ist ohne Wermutstropfen.

Ziehen wir die Summe, so finden wir im Dinkel Altes und Neues in vollständiger Harmonie. Die Dinkelkultur ist noch lange nicht ausgereizt. Kommende Geschlechter werden uns zwar nicht überholen, aber in ihrer Weise vermutlich die Welt noch in Erstaunen versetzen. (Hildegard v. Bingen)

Wenn wir uns nur treu bleiben – Gott ist getreu, an Ihm liegt's nicht, sondern nur an uns.

Unser Wagnis, dem Dinkel eine eigene Kultur zuzutrauen und mit diesem Dinkelbuch eine Art Kultur-Revolution „im Namen Hildegards" auszulösen, kann gar nicht schiefgehen. Denn das Dinkelvolk der alten Schwaben hat dieses Gross-Experiment bereits hinter sich. Wenn es davon heute abgewichen ist, so nur deshalb, damit auf breiterer Ebene die ganze Christenheit den verlorenen Faden wieder aufgreifen kann.

Was ich hier als Dinkel-Philosophie angedeutet habe, stellt die Lebensgrundlagen eines erneuerten Christenvolkes auf eine unerwartete Basis. Ernährung und Kultur hängen eng zusammen. Wir müssen uns darüber nicht mehr länger den Kopf zerbrechen, weil wir mit dem Dinkel das beste Nahrungsmittel haben was wir haben können. So werden ungeahnte Kräfte für eine wahre christliche Kultur freigesetzt.

# Register:

## Krankheiten – Causae

## Heilmittel – Curae

## Dinkel – Spelta spelta

# Bildverzeichnis:

# Literatur-Verzeichnis

*Baseler Hildegard-Gesellschaft:* Berliner Fragmente 1987

*Becker, J., Dillingen:* "Handbuch des Getreidebaues" 1927

*Fukuoka, Masanobu:* "Der grosse Weg hat kein Tor", Pala-Verlag 1975

*Gamerith, Anni:* "Lebendiges Ganzkorn" 1956
"Ehrfurcht vor Korn und Brot" 1958, Verlag Neues Leben, Bad Goisern, Österreich

*Gronau, Eduard:* "Hildegard v. Bingen", Christiana-Verlag Stein a. Rhein, 1991

*Hertzka, Dr.Gottfried:* "Grosse Hildegard-Apotheke", Bauer-Verlag Freiburg, 1989
"Kleine Hildegard-Hausapotheke", Christiana-Verlag, 1993
"So heilt Gott", Christiana-Verlag 1970

*Hertzka, Dr.G./ Strehlow, Dr.rer.nat.W.:* "Die Küchengeheimnisse der heiligen Hildegard", Bauer-Verlag, Freiburg, 1984

*Hildegard v. Bingen:* "Causae et Curae/Ursachen und Behandlung der Krankheiten", übersetzt von Hugo Schulz, 1933, Haug-Verlag
"Liber Divinorum Operum" deutsch: "Welt und Mensch", übersetzt von Heinrich Schipperges, Müller-Verlag, Salzburg 1965
"Scivias" - Wisse die Wege, übersetzt von Walburga Storch OSB, Pattloch-Verlag 1991
Hildegard-Heilkunde Nr. 4, Förderkreis Hildegard v.Bingen, Konstanz

*Knoll, Prof.Dr.:* "Aus seinen Briefen", 1937-39 und 1948

*Posch, Helmut:* "Was ist Hildegard-Medizin?" Selbst-Verlag 1983
"Eine neue Ära der Medizin", Selbst-Verlag 1992

*Thürkauf, Prof.Max:* "Lebenskräfte zum Heil des Menschen - die Heilkunde der heiligen Hildegard v. Bingen", Johannes-Verlag, Leutesdorf

*Universität Hohenheim:* "2. Hohenheimer Dinkelkolloqium" März 1991

# Bezugsquellen-Nachweis

für Dinkel aus reinen, unverfälschten Sorten und biologischem Anbau

Dr. Hertzka Dinkelbackwaren G.m.b.H., Im Strickmann 310,
78244 Gottmadingen, Tel. 07731/97 30-0, Fax. 97 30 33

Klosterbäckerei Bodman, Karl Riesener, Kaiserpfalzstr.78,
78351 Bodman-Ludwigshafen, Tel.07773/5792, Fax 07773/7783

Naturkostprodukte, Hofladen Helmut Müller, Markelfingerstr.12,
78476 Allensbach 2, Tel.07533-5729

Egon Binz, Stadtmühle Geisingen, D-78187 Geisingen
und Geschäft am Gebhardtplatz, 78467 Konstanz

Hildegard-Laden, Dr. Galley, Mühlenweg 7,
72401 Haigerloch-Owingen
Tel.07433-21574, Fax 07433-8957

Koch + Cie., CH-8272 Ermatingen, Schweiz

Sankt Hildegard Posch G.m.b.H., Am Weinberg 23,
A-4880 St. Georgen

Hildegard-Naturprodukte, Hönegger Handels G.m.b.H.,
Ausserhof 32 b
A-5163 Mattsee, Österreich

Hildegard- und Dinkelcentrum auf Gotland, Ingeborg Vatheuer,
Västra Kyrkogatan 3, S-62156 Visby/ Schweden
Tel. 0498-249142